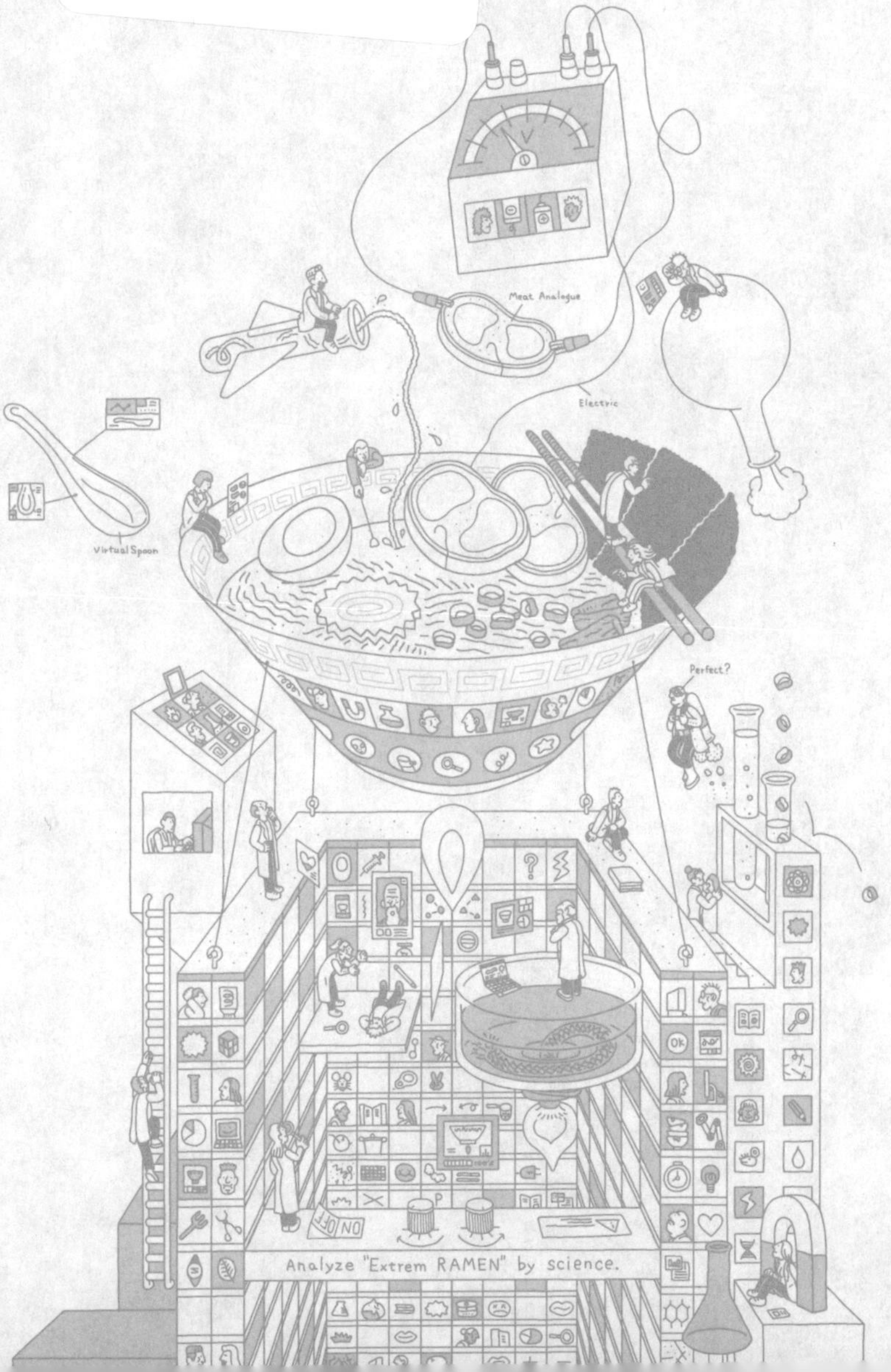
Meat Analogue
Electric
Virtual Spoon
Perfect?
ON OFF
Analyze "Extrem RAMEN" by science.

「至極」のラーメンを科学する

◎はじめに◎

100年前のラーメンを食べて思ったのは、(これが100年前のラーメン？)という不可解さだった。

ラーメンが誕生してから100年と少し。

日本で最初のラーメンブームは1910年に開業した『浅草來々軒』から始まったとされる。

浅草來々軒より前に横浜中華街や神保町の中華料理店などでラーメンは売られていたが、世の中にラーメンという料理を広め、日本初のラーメンブームを巻き起こしたのは浅草來々軒である。諸説あるものの、中華料理の麺料理とは一線を画する、今や日本料理となったラーメンは浅草來々軒が広めたと言っていい。

当時の日本人は中華料理に馴染みがなく、ある種のゲテモノ扱いだったという。その一方で、シュウマイやワンタンを出す、町中華の原型のような店が少しづつでき始めていた。浅草來々軒もその流れで、庶民のための中華料理店として出発する。

〈ラーメン店の誕生背景には、來々軒が「支那そば」、「ワンタン」、「シウマイ」という大衆的なメニューを安価に販売するという新たな業態を繁盛させ、広めたことがスタートとなります。〉（新横浜ラーメン博物館リリース）

当時の浅草來々軒は大繁盛で、毎日客が2500〜3000人も訪れ、1カ月の収入で家を1軒買えたというからすごい。來々軒の大成功を受けて、浅草にはあっという間に來々軒スタイルの中華料理屋が立ち並び、全国へと広がっていった。

ラーメンを日本中に広めた立役者が浅草來々軒。ドラマやマンガで中華料理屋の屋号に來々軒が使われるわけだ。

ラーメンの元祖とは、どんなラーメンだったのか。

新横浜ラーメン博物館は浅草來々軒のオープン当時の味を再現することに成功した。

新横浜ラーメン博物館のスタッフが当時の資料を収集、來々軒の創業者・尾崎貫一氏の親族の協力の下、故・佐野実氏の支那そばやが再現したという本格的なものである。

麺は当時の国産小麦（明治時代の輸入小麦は微々たる量で、すべて国産でまかなっていた）の品種を特定、現在ではすでに失われていたため、系統図と遺伝子情報からもっとも

直系の小麦を探し出し、かん水は

〈「かん石を水に入れ、その水を使用した」という証言〉（新横浜ラーメン博物館リリース）

に基づいて再現したものを使ったという。

チャーシューは中華風の吊るし直火焼き。メンマは台湾産。

ダシは鶏と豚、野菜、煮干し。当時は鶏が牛よりも高級品だったという。ブロイラーはまだ作られておらず、いわゆる地鶏。ダシには卵を産み終わった親鳥が使われたという情報から、名古屋種の親鳥を使用。それに国産の豚ガラ、野菜を加えてスープをとった。

味はしょう油味。当時はすべて国産でまかなっていたので、国産大豆、国産小麦、塩で作られたヤマサ醤油の濃口しょう油が使われた。

さらに丼まで当時のものを再現するという凝りようで、関係者の熱意が伝わってくる。

再現した浅草來々軒のラーメンは新横浜ラーメン博物館で食べることができる。

私はドラえもんの『自動販売タイムマシン』のエピソードが好きだ。お金を入れると設定した時代の商品が出てくる自動販売機の話である。

のび太がお父さんにタバコのおつかいを頼まれ、自動販売タイムマシンでタバコを買うと山ほど出てくる。昭和の初めの1箱10銭のタバコを買ったのだ。

のび太は悪知恵を働かせ、昔の安い鉛筆やキャラメル、チョコレートを買って友だちに売りさばく。小銭が入って気が大きくなったのび太は、自動販売タイムマシンで100年後のお菓子を買うのだ。そのお菓子は「うまい!!」「こんな味は初めてだ」「一つぶごとにじーんとしみる味」(同作)で、のび太はあまりのおいしさに泣きながら食べるのだが……というものだ。

未来は常に進んでいる。味もまたそうだろう。

今のラーメンを食べたら、明治の人たちは「うまい!!」「こんな味は初めてだ」「じーんとしみる味」と感涙極まり、今の味に慣れている私のような現代人が明治のラーメンを食べたら、パンチのない抜けた味に、まあ昔だから仕方ないねと思う、そういうものだろう。だから100年前のラーメンと聞き、想像していたのは、病院の食堂で食べるダシが効いていない、薄味というより味のないマズいラーメンだった。

ご存じの方も多いだろうが、新横浜ラーメン博物館の地下には昭和の街並みが再現され、そこに招致された全国の有名ラーメン店が入れ替わりながら店を開けている。そのひとつに浅草來々軒が入っている。明治大正のインテリアをイメージしたレトロな内装に期待が高まる。

注文したのは『らうめん』。当時はそのような表記だったのだそうだ。

出てきたラーメンを食べて驚いた。これが100年前のラーメンだって？

無化調のシンプルなしょう油のスープはクセがなく、すんなりと喉を通る。麺は国産小麦のせいか柔らかく、吊しのあぶりチャーシューは素直においしい。

大変においしいのだが、このラーメン、本当に昔のラーメンか？

この数年、無化調、自家製麺、ダシは鶏と豚ガラと煮干しのミックスという淡麗しょう油味のラーメンが雑誌やネットのランキングで上位を占めている。胃に染み入るやさしいおいしさで、食べると体がホッとする。無駄のない洗練された味は、ラーメンという料理の頂点のひとつだろう。

驚いたことに100年前のラーメンの味は、そんなビフグルマンに選ばれる無化調しょう油ラーメンの味と同じだったのだ。ドラえもんもビックリである。

100年経って、ラーメンは原点に戻ったらしい。

今、環境問題やテクノロジーが食を変えようとしている。ラーメンも無縁ではいられないだろう。これから食の世界はどう変わっていくのか。ラーメンを切り口に進化する食の世界を訪ね歩いてみた。

100年後、私たちの子どもたちは今の私たちと同じように浅草來々軒の『らうめん』を食べているだろうか？　それとも「こんな味は初めてだ」と私たちが食べたら、泣き出す、「至極」のラーメンを食べるのか。

SDGsからバーチャルリアリティまで、未来のラーメンの姿から、これからの食を探索したい。

参考：『お好み焼きの戦前史』（近代食文化研究会）

これが浅草來々軒の『らうめん』。浅草來々軒の営業日時はHPで確認を。新横浜ラーメン博物館 https://www.raumen.co.jp

本書のおしながき

1

ヴィーガン、人造肉、昆虫、変わる食材
地球を救うラーメンとは？

未来のラーメンはコオロギ味？　チャーシューは大豆？
これからは食糧危機と環境悪化でラーメンの形が変わる
かもしれない。

コオロギと大豆で地球を救う？

ハンバーガーを買いに行ったら、ソイパティシリーズというパテが大豆からできているバーガーが売られていた。

少し前まで大豆のハンバーグはダイエットか菜食主義者の食べ物で、専門店でしか売っていなかったはずだ。いつの間に？

無印良品がコオロギクッキーを売り出し、それが即座に完売したことにも驚いた。アマゾンでは食用コオロギの粉末が売られている。虫を食べる？

何が始まっているのかと思う。これまで一部の人たちしか食べなかったものが急に表舞台に出てきた。大豆の肉はともかく、昆虫を食べるなんて罰ゲームだったはずだ。

どうやら未来の私たちはコオロギや大豆の肉を食べることになるらしい。このままだと食べるものがなくなってしまうからだ。

◎食糧危機まで秒読み開始◎

人間はどんどん増えている。私が小中学生だった1970年代、世界の人口は40億から50億人だった。

当時のマンガに『60億のシラミ』(少年チャンピオン・飯森広一)という近未来SFがあった。氷河期と人口爆発で食糧危機が起き、治安が悪化する中、脳改造で超知性を得たチンパンジーが人類滅亡を予言するという話だった。

マンガを読みながら、60億人で食糧危機かと暗い気持ちになったが、今や世界の人口は78億人を超え、じきに80億人の大台に乗る。

……80億人。

いくらなんでも増えすぎじゃないか? 水槽のサイズは変わらないのに、飼っている魚がどんどん増えたらどうなるか?

魚たちは大量のエサを食べ、大量のフンをする。水の汚れは浄化フィルターの限界を超え、水草とポンプでは酸素が間に合わない。魚が死に始め、腐敗する水でさらに魚が死ぬ。

地球は宇宙に浮かぶ水槽のようなものだ。水槽なら水替えができるが、地球は水替えができない。地球で生存できる人間の数が限界を超えれば、いずれ水槽の魚のように人間も死に始めるだろう。

では地球に住める人間の数は最大で何億人なのか？　地球は何億人まで人類を養うキャパシティを持っているのか？

2つの説がある。

科学の発展で、今よりもずっと増えても余裕、食糧危機なんて来ないという楽観的な意見。一方で限界が来てからでは遅い、今が引き返すチャンスだという悲観的な意見。

◎日本の農業が世界を救う？◎

まずは楽観派から。

食糧危機が来るというが、土地の開墾と近代化を組織的に行えば、当分は大丈夫だと彼らはいう。

穀物の収穫面積、生産量等の推移と見通し

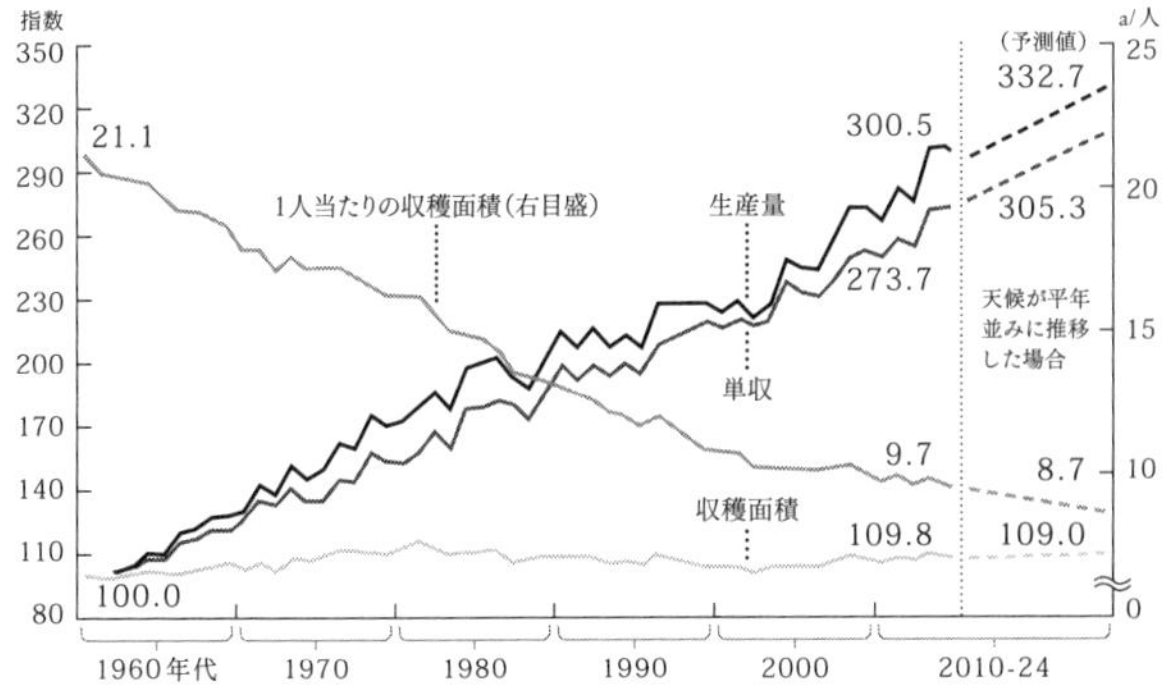

	1960年代	1970	1980	1990	2000	2010-24
単位（t/ha）	1.42	1.82	2.22	2.63	2.99	3.61
単収伸び率（年率）	2.78%	1.89%	2.18%	1.30%	1.49%	1.34%

※右肩上がりに生産量が増加しているのがわかる
資料参照：農林水産省

これには根拠がある。農林水産省の『穀物の収穫面積、生産量等の推移と見通し』を見る。1960年（昭和35年）の生産量と収穫面積をそれぞれ100とすると、2014年の収穫面積は109・8と1割程度しか増えていないのに、生産量はなんと300・5！ 3倍である。化学肥料を使うようになって、それほど収穫量が増えた。

現在、世界の農地の60％が自給型（自分たちの食糧生産しかしていない）で、焼き畑農業は30％だ。この農地を近代化し、収穫量を数倍に引き上げれば、100億人は楽勝だという。

では日本は？ 日本は食糧自給率も

農地1a当たり国産供給熱量等の国際比較（2003年度試算）

	日本	米国	ドイツ	フランス	英国	イタリア	豪州	カナダ
供給熱量ベースの総合食料自給率	40%	128%	84%	122%	70%	62%	237%	145%
人口(百万人)	127.7	290.9	82.5	60.3	59.6	57.6	19.9	31.7
人口1人当たり農地面積(a)	3.7	61.7	14.6	32.5	9.6	18.6	239.1	164.5
1人1日当たり供給熱量(kcal)	2,551	3,754	3,484	3,623	3,450	3,675	3,135	3,605
農地1a当たり国産供給熱量(千kcal)	100.4	28.4	73.3	49.7	92.0	44.8	11.3	11.6

※日本の農業が狭い面積で大量の収穫を行っている＝生産効率が高いことがわかる
資料参照:農林水産省

労働集約性も低い。そのため、農業はダメだという印象を持ってしまうが、意外なことに日本の農業は世界でもトップクラスの収穫率を誇っている。

日本の農業を他の国と比較してみよう。

農林水産省の『農地1a当たり国産供給熱量等の国際比較（2003年度試算）』は1aの農地で採れる作物のカロリーを比較したものだ。

日本が100・4に対してアメリカ28・4、フランス49・7、オーストラリアは11・3しかない。

同じ面積なら日本はアメリカの3倍、フランスの2倍、オーストラリアの9倍の穀物が収穫できるのだ。

中国、インドを筆頭にアジアは他の地域に比べて異常なほど人口が多い。それだけ食糧が豊富ということだ。

なぜ豊富かと言えば、いくつもある理由のうち、一番は稲作に適した土地だったことだろう。

米が世界を救う？

米は優れた穀物で、2003年度の米の世界平均単収（3・84トン／ha）は小麦（2・67トン／ha）の1・44倍もある（『世界の米需給構造とその変化』農林中金総合研究所）。トウモロコシや小麦と違い、米は飼料として使われず、全量がほぼ食用になる。これは米が粒食であり、小麦のように粉にする必要がなく、食べやすいことが大きい。

米は水田、小麦は畑で育てるが、畑は輪作すると土地がやせる＝窒素が不足する。ところが水田は窒素不足が起こりにくく、輪作が容易だ。これも米の収穫量が増える理由だ。

もし日本の農業生産技術を世界の国が採用すれば、世界のカロリー供給量は桁違いに伸びるだろう。さらに可能な限り、世界の人々にアジアのように米を主食として食べてもらえれば、食糧危機など起こらないのではないか。最近は米粉で焼くパンをよく見かける。あのような食べ方を世界の人にしてもらえばいい。

小麦の方が寒冷地に向いているが、日本の米は北海道でも収穫できるほど寒冷地に適した品種改良が行われている。水源の確保（水田は畑よりも水を大量に使う）さえできれば、米の収穫地は想像以上に広げられるだろう。

以上から、食糧危機は現在の技術で解決済みと楽観派は考える。あとは政治と社会の問題というわけだ。

◎2030年に始まるタンパク質クライシス◎

次は悲観派。

人は穀物だけで生きているにあらず。肉はどうする？　と悲観派はいう。

中国を見ればわかる通り、国が豊かになれば国民はより多くの肉を食べ始める。現在の新興国がこのままのペースで肉の消費を増やし、それに合わせて人口も増えたとすれば、大量の牛豚鶏を飼わなくてはいけなくなる。

国連の予想では世界人口は2030年に85億人、2050年に97億人。その人口に必要なタンパク質量を計算すると、2050年には2005年（世界人口65億人）の2倍のタンパク質が必要になるのだそうだ。

ところが畜産はそんなペースでは増産できない。土地がない上に現在の穀物の生産量では牛豚の飼料を補えなくなる。

このタンパク質の需要と供給のバランスが崩れるのが早ければ2030年ごろ、遅くとも2050年と言われている。

これをタンパク質クライシスと呼び、そうなる前に現在の家畜に頼るタンパク質を見直そうというのが悲観派の主張なのだ。

牛の飼育はパフォーマンスが悪い。農林水産省で畜産物1キロの生産に必要な穀物量（とうもろこしベース）を算出したところ、牛肉1キロを作るのに11キロの穀物が必要だった。豚肉が7キロ、鶏肉が4キロ、卵は3キロだ。しかも畜産は水を大量に使う。牛肉1キロの生産には20・7トンの水が必要なのだそうだ。

そこで昆虫あるいは大豆などの植物をタンパク源として利用し、不足分を補うべきというのが悲観派の言い分である。

◎100年後、ラーメンはヴィーガンが主流に？◎

現在、世の中では欧米を中心に悲観派に勢いがある。

タンパク質クライシスの流れから肉食自体を抑えよう、あるいは動物愛護から、あるいは地球温暖化阻止のため（牛の出す二酸化炭素やメタンガスなどの温室効果ガスは他の畜産を上回り、米国科学振興協会によると全世界の温室効果ガス排出量の18％に達する）、肉は食べない、卵も牛乳もいらないという野菜しか食べない人たち＝ヴィーガンが欧米で増えているのだ。

このままでは、いずれラーメンも環境に悪いと叩かれそうだ。

100年後、ラーメンといえば、野菜のみ使用のヴィーガンラーメンばかりになるのだろうか？　大盛りダブルチャーシュー背脂チャッチャ系を食べようものなら、人類と動物と未来の地球のことを何も考えない人だと軽蔑されるのか？

しかし野菜だけで、果たして動物性のダシや脂肪を足場にするラーメンと張り合えるのか？

ラーメンスープは動物性のダシに昆布やシイタケ、りんご、たまねぎなど植物性のダシを加えてうま味の掛け算をする。動物性のうま味であるイノシン酸と昆布など植物性のうま味成分グルタミン酸が加わるとうま味の相乗効果が起き、人間は7～8倍のうま味を感じる。

さらにそこに動物性の脂肪が加わる。

脂肪は第6の味覚と言われ、九州大学特任教授の二ノ宮裕三らは脂肪味を伝える神経を発見した。また甘味やうま味の神経も脂肪に反応するので、脂肪が入った食べ物を人間は甘くうま味が強いと感じる。

そのような分厚い味の構成がラーメンなのだ。

油抜き・動物性のうま味抜き・野菜のダシのみで、何時間もガラや煮干しを煮てダシをとるラーメンのような感動を生み出せるのだろうか。

ヴィーガンラーメンを食べに行く

野菜だけのラーメンは豚骨や煮干しラーメンと比べ、どのくらいのクオリティなのか、実際に食べてみることにした。

東京駅のラーメンストリートには全国の有名ラーメン店が出店している。その中に野菜を使うことで有名な店があり、ヴィーガンラーメンを出していた。しょう油味を頼む。麺は言うことなし、素晴らしい。具は大根とミニトマト、水菜、面白いところでサツマイモ、チャーシューの代わりに厚揚げ。

しかしスープがしょっぱい。極端な言い方をすると塩水みたいで、完全に塩分とスープが分かれている。どこかで食べた気がすると思ったら、最近の西安系の牛肉麺がこの系統だ。ダシが弱くてうま味がないため、塩味が突出してしまうのだ。

本来、大変においしい店で、東京ラーメン・オブ・ザ・イヤーや百名店などにも選ばれている。そんな店でさえ、完全ヴィーガンのスープは難しいというわけか。化学調味料を使わない店だから、うま味の不足をごまかせないのだ。

他にもヴィーガンラーメンを出しているラーメンチェーンが2つあり、秋葉原と渋谷に行った。1軒目で食べたしょう油ラーメンは甘かった。うま味を甘味で補うにしても、甘過ぎた。食べているうちに慣れるかと思ったが慣れない。ヴィーガンラーメンは不足するうま味をどう補うかがポイントで、つまるところは砂糖の使い方なのだと思うが、だからといって甘過ぎる。

もう1軒は味噌ラーメン。スープの弱さを味噌がカバーするかと思ったが、やっぱり塩味が立つ。普通の味噌ラーメンも頼んで比較する。そちらはスープが柔らかくてうまい。味がまとまっている。それに比べて、ヴィーガンラーメン……。

動物性スープの奥行きのある味を野菜だけで出すことは難しいらしい。予想以上にスープの味にまとまりがなく、バラバラだ。

次にヴィーガンラーメンを出しているベジタリアンの店を探した。

言っては悪いが、彼らはラーメンの素人である。ラーメンのプロが作ってもおいしくないのだから、期待はできない。

◎おいしいヴィーガンラーメンはラーメン専門店にはない◎

なんだこれは？　ラーメン専門店で食べたヴィーガンラーメンとあまりに違う。下北沢の商店街を外れ、住宅地の中にポツンとある『薬膳食堂ちゃぶ膳』はヴィーガン中華の店で、ラーメンが看板メニューだ。

出されるラーメン『濃口酵母ラーメン ドラゴン』は豚骨風だ。それまで食べたヴィーガンラーメンと違って、味が複層的で断然にまとまりがいい。

九州発のインスタントラーメンにマルタイラーメンという棒ラーメンがあって、あっさりした豚骨味なのだけど、スープの濃度はかなり近い。でもちゃぶ膳のラーメンはもっと味が澄んでいる。豚の特有の臭さがないこともポイントが高い。ヴィーガンではなくても、濃口酵母ラーメンの方があっさりして好きだという人も少なくないと思う。

ご主人に話を聞くと、最初のうちは普通のラーメンとヴィーガンラーメンの両方を出していたのだそうだ。ところがある日、豚骨スープが

「気持ち悪くなっちゃって、味見もできなくなって」

それ以来、店のメニューはすべてヴィーガンのみに。

「昔は肉とか魚とかおいしいと思ってすごく食べていたんですが、今は食べてもおいしさがないんですよ。昔と同じ味を感じるんですが、体が合わなくなったせいか、食べてもおいしくない」

食べようと思えば食べられますが、と店主。

「いったんそうなってしまうと戻らないんですよね」

麺はオーガニックなパスタをアルカリ性の液につけてラーメン風に変えたもの。さっぱりしておいしい。

スープは野菜のダシと玄米の酵母液を合わせ、豆乳と味噌でコクを出している。

玄米の酵母をネットで調べたら、玄米を塩と黒砂糖を溶かした水に漬けておき、玄米についた酵母菌を増やしたもので、万能酵母液ともいうそうだ。この酵母液を作り、昆布やしいたけを酵母液に漬けてダシをとる。

「玄米の酵母液を使わずに昆布だけだと大人しめな味に

薬膳食堂ちゃぶ膳　下北沢店の『濃口酵母ラーメン ドラゴン』。担々麺のように見えて、味は豚骨ラーメンに近い

なってしまいますね」

玄米の酵母液、大正解だ。

◎新たな味を繰り出すヴィーガンラーメン◎

ちゃぶ膳のご主人にここはおいしいですよと勧められたのが仙川の『キックバックカフェ』だ。とてもアメリカンでオシャレなカフェで、ラーメンが出てくるようには見えない。不思議な気持ちで同店名物『まめらー』を頼んだ。

まめらーはパッと見は担々麺のようだったが、食べると別物だった。濃厚な生クリームのようなスープに麺を絡めるように食べると、これはカルボナーラ？　かん水抜きのさっぱりした細麺によく絡む。

食べたことがない味と食感。ものすごくおいしい。

ウェイトレスに豆乳だけ？　と聞いたら、野菜のダシに豆乳を入れて煮詰めたものにラー油と擦ったゴマを散らしているという。

ねっとりした濃厚さに混乱する。香りが豆乳なので納得はするけども、それにしても濃い。その濃さがうまい。

ヴィーガンの本場、台湾素食のラーメンはどうか？

オタクの聖地、中野ブロードウェイに台湾素食の『香林坊』がある。カウンターだけの簡素な店に女性客が次々に入っていく。香林坊では定食も出していて、すべて台湾素食、つまりはベジタリアン。ヘルシーでお腹にももたれないと女性に人気なのだ。

台湾素食のラーメン『中華羅漢湯メン』には大豆でできた肉そぼろと高菜が載っていた。かん水抜きの麺に、スープは野菜ダシのみ、隠しで三温糖を少し加えたラーメンはあっさりを通り越して薄い。薄いなあと思いながら食べるうちにだんだん味がわかり始める。塩味が抑えられているだけで、ダシは弱くない。

何の香りだろうとスープの不思議な香りが気になった、記憶を探るうちに思いだした。これは病院食だ。病院のおかずや味噌汁の匂いだ。あの変わった匂いは野菜のみのダシの匂いか。

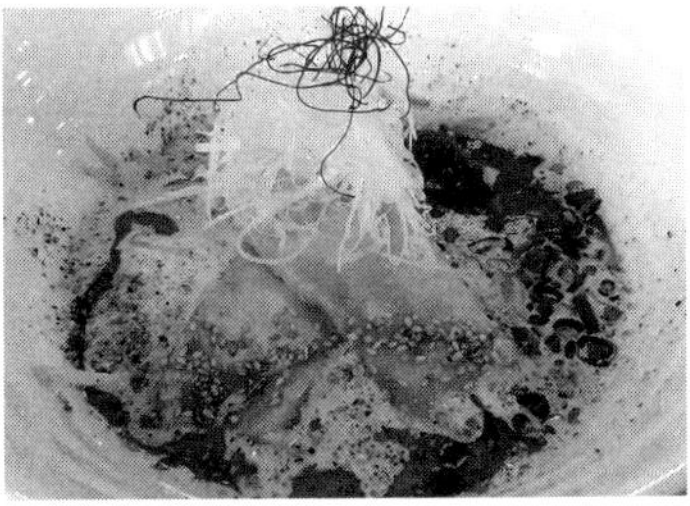

キックバックカフェの『まめらー』。ベジとは何なのか、考えるほどおいしい

五目タンメンの具が少ないような？　素食というぐらいだしな、とさらっと食べ終えた。

ところがだ。

あんなにあっさりしていたのに、汗が止まらない。

「うちのラーメン食べると男も女も汗いっぱいかくよ、ラーメンにエネルギーいっぱい詰まってる」

と店主の女性。

昔、ガンが治る触れ込みで野菜スープがブームになったが、ルーツはこれか？　まるで激辛担々麺でも食べたように汗をかきながら店を出た。

香林坊の『中華羅漢湯メン』。油っ気ゼロのこれぞヴィーガンという味だが、なぜか大汗をかく

◎ヴィーガンラーメンはヴィーガンに任せよ◎

これが本物のヴィーガンラーメンか！　となったのが、自由が丘にある『菜道』である。同店はヴィーガン専門誌で世界一のレストランに選ばれたという。

頼んだのは『齋麺』という同店のラーメンの味噌味。紅大根やオクラが華やかに盛り付けられ、香港製だという大豆でできた肉そぼろ、ヴィーガン仕様の卵もどきは黄身がカボチャで白身は企業秘密とのこと。女子受けしそうな映えた絵面に、味の期待はしなかったら、これが予想を完全に裏切られた。

野菜でなぜこんな味が？

味のバランスがいい上に個性がある。無化調のラーメンを食べると原価の高い味がするが、あの感覚。スープのひと口が高級な味。キノコダシがベースだと思うが、どうやればこんなコクが出るのかわからない。味噌自体のおいしさが際立っているのか？

本当のプロ料理人が作るとこういうヴィーガンラーメンができるのか。

ヴィーガンを抜きに、齋麺は「このラーメンが食べたい」と自由が丘に行ってしまうだろうおいしさだった。

ほとんどのラーメン店の調理人はヴィーガンではない。だからちゃぶ膳のご主人のような、ヴィーガン食しか受けつけ

菜道の『齋麺』はうなるおいしさ。ヴィーガンラーメンはアリだと確認した

ない体の感性はわからないだろう。

餅は餅屋という。ヴィーガンラーメンはヴィーガンの調理人が作ってこそ、ヴィーガン以外にも届く味となる。

◎大豆ミートとは何なのか◎

ヴィーガンラーメンを食べるとチャーシューの代わりに大豆で作った肉そぼろやチャーシュー風に甘く煮た大豆の肉が載せてある。植物性の材料を肉のように加工した食品で、代替肉やプラントベース（＝植物由来）ミートと呼ばれる。

欧米では代替肉がブームで、メーカーの株価はとんでもないことになっている。ブームの火付け役となった『ビヨンド・ミート』の場合、開発・販売を行っているビヨンド・ミート社は2019年に上場するなり38億ドルをつけ、半年後には時価総額400億ドル（4兆5000億円）というモンスター企業となった。

しかし大豆を肉のように加工した食品なんて昔からあったのではないのか？

そう、昔からあった。大豆ミートのから揚げからステーキ、ハムにコロッケまで、すでにある。

日本の食品業界で使われている大豆タンパク質食品は大豆ミート、最近では代替肉やフェイクミート、植物由来であることからプラントベースミートと呼ばれる。

業界団体、一般社団法人日本植物蛋白食品協会の設立は1975年（昭和50年）8月だから、ずいぶん前の話だ。

1972年に世界的な不作が起こり、輸入農産物の価格が高騰、一部では食糧不足の心配も出てきた。日本はその対策として植物性タンパク質の食用への利用拡大を進め、植物性タンパク質の大規模な商用化をスタートする。

同時期、欧米でも大豆ミート（旧来の代替肉は大豆ミートと呼ぶことにする）は食用として利用され始めたが、宗教上の理由で肉食できない人やベジタリアン向けの食品として扱われてきた。

健康食品として認知され始めたのは最近のことだ。1999年にアメリカの食品医薬品局（ＦＤＡ）が大豆タンパク質の心臓病予防効果を認めたことで、各社が大豆ミート製品を販売するようになった。

ＦＤＡによると「1日あたり25グラムの大豆たん白を含む低飽和脂肪酸・低コレステロールな食事は、心臓病のリスクを低減させることができる」のだという。

大豆製品をよく食べる日本人とアメリカ人の心疾患での死亡率を比較すると、人口10万人当たり日本が２０１人、アメリカが４０１人でほぼダブルスコアである。

現在、日本では大豆ミートは加工食品の肉の増量やつなぎに使われている。対象はハムやソーセージ、ハンバーグ、シュウマイなどの食肉加工製品から魚肉ソーセージなどの水産練り製品、冷凍食品、チルド惣菜、健康食品、製菓・製パン、飲料まで幅広い。

代替肉を改めて食べなくても、私たちは普段から大豆ミートを食べているのだ。

アメリカで大ブレイクのビヨンド・ミート

旧来の大豆ミートと『ビヨンド・ミート』を始めとするフードテック（食品系の新技術をこう呼ぶ）の代替肉は目的も作り方も根本的に違う。

ビヨンド・ミートの場合、牛肉をＭＲＩで撮影し、構造を明らかにしてそれを大豆やそら豆のタンパク質を使って再構築したという。意味がわかるようなわからないような話である。

日本でも販売が予定されていたが、話が流れた。日本では当分食べられない幻のビヨンド・ミートである。

食べられないと聞くと無性に食べたくなるもので、アメリカへ出張する友人に入手を頼んだ。1カ月後、帰国したと連絡があり、受け取りに行った。

「アメリカ、すごいですよ！」

アメリカに行った人間の定番みやげ話として、ハンバーガーがデカいとかスーパーでマシンガンが特売とかそういうたぐいの話かと思ったら、予想外の球が来た。

「ウンコ掃除で年収1000万円なんですよ！」

サンフランシスコではホームレスが急増、公園のトイレが20時でロックアウトされるため、そこらじゅうに人糞が。その掃除に雇われると年俸1000万円なのだそうだ。

「サンフランシスコはすごく給料が上がっていて、平均年収が1300万円」

信じがたい。不動産バブルがものすごく、1ルームで20万円はざらなんだそうだ。

日本のバブル時はフレンチやイタリアンが大流行りだったが、アメリカの場合はビヨンド・ミート。お金持ちになったら食べるのが大豆肉というのも未来っぽい。

◎ビヨンド・ミートでハンバーグを作った◎

手に入れたビヨンド・ミートは450グラムのミンチタイプ。ハンバーガーパテやソーセージに成形されているものもあり、スーパーの精肉コーナーで売られているという。カニカマが刺身と並べて売られているようなものか。

封を開けるとなんとも言い難い見かけである。ドッグフード？　まったくうまそうに見えない。失敗したギョウザの具をゴミ箱で見つけたようなガッカリ感。

これを食べるのか。大丈夫か、アメリカ人。

ハンバーグにする。

練って塩コショウだけの一番シンプルなハンバーグだ。牛肉を使って同じ重さのハンバーグを作った。味を比較するのだ。

しかし練る感触がまったく違っていて笑ってしまった。牛肉は練れば練るほど脂肪が糸を引いて固まっていくが、ビヨンド・ミートにはそれがない。練れば練るほど、肉がだれていく。

焼くとさらにその差は歴然とした。ハンバーグは表面が固まると中の肉汁が身を押し上げ、肉汁が表面から吹き出すものだ。牛肉のハンバーグは当然そうなったが、ビヨンド・ミートはひたすらに平らのまま。肉汁？　何それ？　なのだ。

それでも時間をかけて焼き、カリッと仕上げると焼く前のひどい感じはずいぶんと緩和された。切ってみると断面は肉である。粗びきのミンチをこねたハンバーグの風情だ。焼いてしまえば、たしかに肉と区別はつきにくい。

アメリカでブレイク中の代替肉『ビヨンド・ミート』

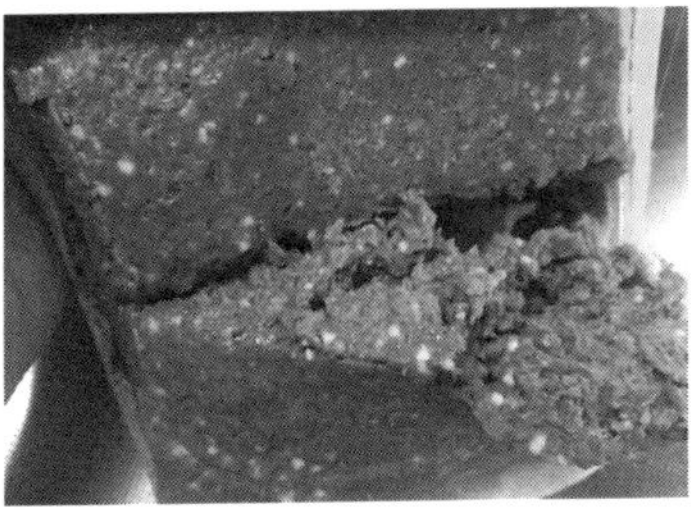
パッケージの中身はかなり強烈。肉とは似ても似つかない

ビヨンド・ミート、食べてみた

なにはともあれ、すべては味である。ビヨンド・ミート、アメリカでは肉のハンバーグと区別がつかないと評判がいい。本当か？　アメリカ人らしい、大げさなノリじゃないのか？

食べてみたら……肉！　肉じゃないか！　それも牛肉の味がする。おいしい。これが大豆？　ウソだろ、そんなわけ……大豆とそら豆のプロテインにそのほか植物性の添加物。信じられない。

ドッグフードなんて言って申し訳なかった。めっちゃうまい。今まで食べた代替肉は何だったんだってていうぐらいうまい。レベルどころか次元が違う。これなら、将来、肉の半分はすべて大豆由来になると言われても納得する。それぐらいうまい。

投資が集まるわけである。これは完全に未来だ。未来の肉だ。ゴテゴテの添加物でできたインチキな味だが、それは希望の味でもある。

◎代替肉は思想なのだ◎

ビヨンド・ミート社の創業者で同社CEOのイーサン・ブラウンは、元燃料電池のエンジニアだ。電力グリッドの構築にも携わった経験があり、環境問題を技術によって解決することを実践してきた人物。そんな彼の長年の疑問は、本当に肉には動物が必要なのか？

ということだった。

科学の目で見れば、肉はタンパク質と脂肪とミネラルの複合体だ。栄養素だけであれば、すべて植物由来の原料でそろえることができる。もし植物の栄養素を組み合わせて、肉を再構築することができたら？

イーサン・ブラウンは肉食がもたらすマイナス面を考えた。まず健康。動物由来のタンパク質や脂肪は心疾患やガンなどの大きな要因だ。肉を再構築する課程で、こうした疾患の原因を取り除くことは可能だろう。

畜産が環境に与える負荷は大きい。牧草地を確保するために多大な面積の森林が伐採され、本来なら森林が吸収するはずの二酸化炭素を大気中に滞留させる上に森林という資源を失うことになる。

同じ面積の畑でとれる大豆タンパク質と牧畜地の牛のタンパク質量は10倍も開きがあるという。牛はそれだけ非効率な栄養源なのだ。

さらに畜産は動物を殺す。アメリカでは9割のベジタリアンは、動物を殺したくないためにベジタリアンになったという。代替肉は動物を殺さずに肉を生産可能にする。

現在の代替肉は、日本の大豆ミートのように食糧危機に備えて生まれたものでもなければ、宗教上の理由から作られるものでもない。

代替肉を食べることは、環境問題のソリューションに参加することなのだ。食べて地球を救おうという、代替肉は食べ物の形をした思想だ。

◎日本の代替肉メーカー社長はベジタリアン◎

日本では代替肉はどう扱われているのか？

ベジタリアン向け商品の輸入販売からオリジナル商品の開発まで手掛けるグリーンカル

チャー株式会社に話を聞いた。

代表取締役の金田郷史氏は生粋のベジタリアンだ。

「会社を作ったのは2011年です。僕は18歳からベジタリアンなんですよ。留学先のアメリカでは普通にベジタリアンフードが売られていましたが、日本に帰ってくると買える状況じゃなかった。この状況を何とかしたいと思い、起業したんです」

当初はベジタリアンやヴィーガンのための通販会社だったが、欧米での代替肉ブームを受け、チキンナゲットを開発、販売し、代替肉市場に進出する。

「代替肉、総称ではプラントベースフードと呼びますが、なぜ欧米で火がついたかと言うと宗教や文化の縛りを受けない食べ物だからなんですね。宗教の戒律で豚肉や牛肉が食べられない、動物愛護や環境保護の観点から肉を食べない、そういう人でも受け入れられる」

さらにプラントベースフードは加工食品が主流であり、ハムやベーコンのように誰でも簡単に調理できる。誰でも手軽に食べられる新しい肉なのだ。

「日本で話題になり始めたのが2016年ごろですね。2017年に内閣府の職員食堂にベジタリアンメニューが入ったり、テレビで取り上げられるようになりました。2018年になるとベジタリアンやヴィーガン以外の方も面白そうだなと購入され始めたのです」

調査機関が行った、プラントベースフードに関する意識調査でも、意識的に肉や魚を減らしているという人はおよそ16%。さらにその中の2割の人たちは、毎日肉製品を減らしているという。思ったよりずっと多い。

「女性は美容、男性は健康目的で肉類を減らす傾向があります。特に男性は年齢が高めの人が多い。メーカー側もメタボや糖尿病など健康が気になった男性を巻き込んでいこうという戦略で、プラントベースフードは価格が若干高めです。スーパーで売られているレトルトのハンバーグが120円なら、国内メーカーが出している代替肉のハンバーグは300円ぐらいします」

◎破れるか、マル◯ンハンバーグの壁◎

グリーンカルチャーではさまざまなプラントベースフードを取り扱っているが、やはり壁は味だ。

「代替肉のパテを食べた大体の方が、マル○ンハンバーグの味がするっていうんですよね」マル○ンの壁と呼んでいます、と金田氏。大豆ミート自体に肉の味はない。香辛料や調味料を加え、味を肉に近づける。あるいは肉料理を分析し、それと合致するように成分を調整していく。しかしその味が加工食品の域を越えない。

「ビヨンド・ミートはマル○ンの壁を越えて、肉に近づけようとしていますよね。それとは別に、それはそういうものとして選んで食べればいいという意見もあり、肉にどこまでも近づけることが本当に望まれているのか、業界でも議論されています」

◎大豆で作ったソーセージの味◎

グリーンカルチャーのプラントベースソーセージを試食した。台湾では以前から大豆ミートを使ったハンバーグやソーセージが販売されているが、日本は出遅れ、同社が国産初のプラントベースソーセージを開発した。

「ソーセージの材料は大豆ミートです。そこに味をつけてスライム状に練ったものを人工の皮に入れて加熱し、皮をはがすと出来上がりです」

肉を使わずにソーセージの食感を再現することは難しいが、そこにこだわり、肉と変わらない食感を実現した。

生地は目が細かく、まさにウイ○ナー。よくホテルの朝食バイキングで山盛りで出てくる、あのソーセージの味だ。噛み切る時の感触が肉のソーセージとはどこか違うが、そういうソーセージと言われれば納得するレベルだ。

「我々はプラントベースフードを普及させ、一般の人にも食べていただけることを目標にしています。同時に当社の製品を国内だけにとどめるのではなく、海外への輸出にも力を入れていきたいですね」

大豆ミートを使った国産プラントベースソーセージ。肉のソーセージにかなり近い味だ

SF的人造肉は大変にお高い

次は培養肉だ。

代替肉は大豆など植物性の材料から作る肉もどきだが、培養肉は工場生産される肉である。動物の筋肉細胞を植物の水耕栽培のように培養して肉の塊を作り、それを食べる。

未来の食べ物として、SFには培養肉＝人工肉が登場してきた。

大友克洋のマンガ『AKIRA』にも、「おいしいよ、この人工サンマ」というセリフがある。天然物は金持ちのぜいたく品で、人工肉は超安いという設定だ。環境の荒廃した未来では貧乏人の食事は人工的に作られた食べ物なのだ。

だが、現実は真逆。

2013年にロンドンで培養肉で作られたハンバーガー2個の試食会が開かれた。このハンバーガーパテの開発費用は約3250万円。貧乏人の食事どころか、地球上でもっとも高い肉になってしまった。

なぜそれほど値段が高いのか？

「普通の培養液を使うからそうなっちゃうんですよ。普通の培養液を使わなけりゃいいんです」

さらっと言ってのけたのは、インテグリカルチャー株式会社代表の羽生雄毅氏である。

◎日本初の培養肉研究開発企業◎

培養肉は細胞を培養液に浸して増やし、それを加工して作る。

生物の体の中で起きていることをシャーレの中で再現し、細胞を増やすのが人工培養技術だ。培養液というのは、人工の血液だと思えばいい。生き物の体は血液を使って栄養や酸素を運び、それを使って細胞は働く。培養肉は培養液から栄養をもらい、増殖する。

さきのハンバーガーの場合、筋繊維状に細胞を増やすために、薄い板状のシャーレを2万個も用意、その中で薄く薄く細胞を増やし、それを重ねてミンチにした。

なぜそんなに面倒なことをしたかというと、それが現状だから。細胞を増やすことはできても、そこからロースやヒレを作ることはできないのだ。だから筋繊維もどきを作り、それを重ねて筋肉もどきを作るのが精一杯なのだ。

そんな精一杯にいくらかかるかといえば、細胞200ミリグラム＝0・2グラム＝1円玉の5分の1を培養するために必要な培養液（ＦＢＳ10％を含むＤＭＥＭというタイプ）の価格が500ミリリットルあたり6390円。もし細胞100グラムを培養しようと思えば、培養液だけで300万円以上だ。

「培養液だけの価格です。しかも、これは一番シンプルな細胞の話で、複雑な機能を持つ細胞だともっと高い」

再生医療で使われる肝細胞を100グラム培養すると4200万円もかかる。

「私どものような小さな企業が細胞の研究をしようとすると、培養液の値段がボトルネックになってしまう。産業として将来的にも、私どものようなベンチャー企業が参入するためにも培養液の値段は激安になる必要があります。では培養液の何が高いのか？」

◎培養液の成分を大雑把に分けると◎

培養液の中身は大ざっぱに

基礎培地：アミノ酸、糖、ビタミン、無機物など

胎児血清：アルブミン、インスリン、トランスフェリンなど

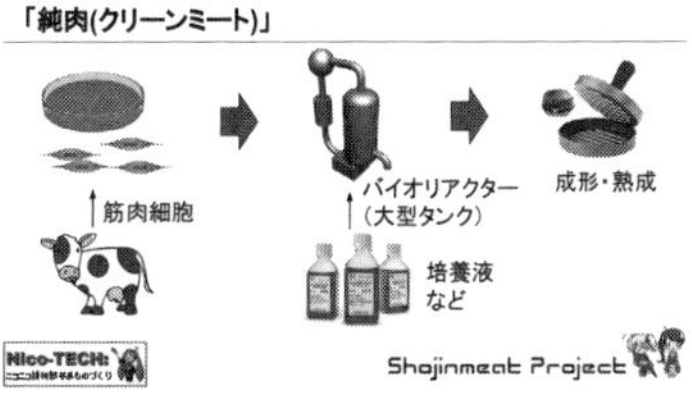

培養肉は動物の細胞を増やし、食肉の形に成形して提供される（画像提供：インテグリカルチャー株式会社）

成長因子：細胞増殖因子、細胞生存因子

の3つに分かれる。

現行の培養液は基礎培地＋牛胎児血清＋成長因子で構成される。

「培養肉は基本的に動物を殺してはいけないと思うんです。でも牛胎児血清を使うということは、そこで牛を殺しています。それを代替する材料を私どもは作ろうとしています」

培養液の課題
=
基礎培地
アミノ酸・糖・
ビタミン・無機物
¥2000/L
=スポーツドリンク?
内容物の割に高価
FBS/仔牛
胎児血清
アルブミン,インスリン,
トランスフェリンなど
¥90000/L
狂牛病リスク
その他感染リスク
高価で供給不安定
成長因子
細胞増殖因子
細胞生存因子
¥45000/mg
きわめて高価
Gospodarowicz D and Moran JS, 1976, Annu Rev Biochem Eagle H, 1959, Science
Nico-TECH:
Shojinmeat Project

培養肉は非常に高い。この価格をいかに下げるかが実用化への大きな課題だ（画像提供：インテグリカルチャー株式会社）

◎培養肉は味のないタラコの食感◎

血清の代わりに利用したのが酵母だ。酵母を高温で撹拌、分解して培養液を作る。

「牛胎児血清は500ミリリットルで4万9000円ですが、酵母を使うと1リットルで0・9円」

安い！

「実際に使ってみると、牛胎児血清ほどではないんですが、細胞は増殖する。増殖しやすいヒトのガン細胞を培地に置くと増える。血清成分に対して要求が厳しい副腎皮質細胞を使っても増える。増えるだけではなく、増えた細胞がくっついて組織化することも重要なんですが、組織化もちゃんとしました」

すごいじゃないですか！

「それで共同研究者は、それを食べました」

すご……んん？　何を食べた？

「味のないタラコだって言っていました」

タラコ？……ガン細胞を増やした跡に細胞を増やしてそれを食べたと。なるほど……食べるものを作っているはずだけど、なんかイヤだな。

「酵母ベースの培養液では限界もあるんです。成長ホルモンとか微量な成分が足りていないんですよね。それが足りないために、今までの培養液ほどのパフォーマンスは出ない」

成長因子を足せばいいわけだが、非常に高い。価格は牛胎児血清と変わらない。ではどうするか？

「私たちは別に成長因子を食べたり飲んでたりしていませんよね？　でも体の中では血液という培養液になるわけじゃないですか。そのプロセスを真似しようと」

体内では違う働きの細胞が増殖に必要な物質を分泌、それが互いの成長を助けている。そこでまず胎盤細胞を培養、その中古の培養液で肝臓細胞を培養してみた。すると肝臓細胞が急激に増えた。胎盤細胞が作り出す成長因子が培養液に残っているため、それを使って細胞が増えるのである。

「共培養システムと名付け、特許も取得しました」

なるほど。血清と成長因子はわかりましたが、基礎培地は？

「自動販売機で買えます」

◎スポーツドリンクとドッグフードで作る人工肉◎

「アミノ酸、糖、ビタミン……これって何かに似ていませんか？」

⁇　リンゲル液？　もっと安いモノ？

「スポーツドリンクです」

あ。

「スポーツドリンクを使った実験もやってます」

マジですか。

「酵母はドッグフードに添加されて使われています」

ドッグフード……。

「極端な言い方をすれば、スポーツドリンクとドッグフードと共培養システムで培養液はできるんです」

試算上、培養液のコストは100分の1に！　これはすごい話だ。

「培養液が安くなる目途は立ったので、次は細胞自体の価格や作業を何とかしたい」

実験に使う細胞も高いらしい。

「実験用の細胞は極少量・超精鋭なんです。産業には大量・普及用に変える必要がある」

実験室で移植用の細胞を増やすなら、手作業でいい。しかし、人工培養肉は食品だ。ロットの桁が数桁変わる。タンクで培養し、パイプで次の工程へ移送し、基本的にはオートマティックに作業を進めなくてはならない。医療目的のバイオ技術とはまったく違う概念が必要なのだ。

より安くより大量にを目指して、そうしたシステムも提案している羽生氏。現在、細胞100グラムの培養にかかる費用は数百万円。それを最終的に600円(!)まで下げるという。

◎すべての肉を人工肉に?◎

「人工肉培養と再生医療は手を取り合って進んでいくことになるでしょう。細胞を増やす技術は共通していますし、再生医療も本格的に稼働すれば、今のように100グラム何千万円では利用できない」

羽生氏の研究が実用化すれば、細胞培養の概念は根本的に変わってしまう。現在の研究室で少人数が超高精細な熟練技で生み出すものではなく、工場のタンクで大量につくられるものになるのだ。

「今の醸造所のようなものになるんじゃないか。醸造所の殺菌や温度管理のノウハウが使えるんじゃないかと思います」

ということは酒蔵がマッチする？　先代は酒を仕込んでいたが、私の代からは肉を醸しているなんてことになるかもしれないのか。実に未来的な転業である。

細胞を定着させる足場のデザインはできる肉の形やサイズを左右する。

「ですから、牛よりも大きいステーキが作れたりもします」

子どもの夢だな、人間よりでかいステーキ。

「ＤＮＡさえあれば、恐竜のステーキだってできるし」

それは夢だ、人類の夢。

「倫理的な問題はともかく、人肉だってできる」

それは……夢は夢でも悪夢の方だ。

「実際にアメリカではセレブリティミートというものがあって、有名人の肉を作ってしまうんですよね」

セレブリティミートは、『bite labs』（http://www.bitelabs.org）が計画だけを公表しているもので、カニエ・ウェストや女優のジェニファー・ローレンスらの皮膚細胞を使い、サラミをつくって販売するという。

「ニコニコ技術部でこの話になったら、某声優のレバーを食べたいって話になって」

何の話をしているんだ。そもそも肝臓の細胞を採取させてくれるわけがないでしょうに。

「髪の毛からiPS細胞を作って肝臓細胞に分化させれば……」

知性と技術の無駄遣いだから、やめてください。

……でもあれだな、ダシをとるだけなら肉の形にする必要がないので比較的早くいけそうだな……なんとか坂46の筋細胞でスープをとった坂道ラーメン、とか。

「培養肉の生産は、利益率を考えると牛肉あるいは肝臓の細胞になると思います。肝臓はフォアグラですね」

たしかにフォアグラなら高く売れるだろうし、動物愛護団体が後押ししてくれそうだ。

坂道が、じゃなかった培養肉がスーパーに並ぶ日は、たぶん思っている以上に近い。

◎昆虫とタンパク質クライシス◎

もうひとつの候補が昆虫だ。

昭和の時代、昆虫はゲテモノや精力食だった。九竜虫（キュウリュウゴミムシダマシ）は、カナブンを小さくしたような虫だ。1950～60年代にこれを水割りに浮かべて飲むことが流行ったらしい。マンガ『巨人の星』にも出てくるから、当時はよほどの流行だったのだろう。

この虫を生きたまま飲むと強精剤の役割をすると言われ、マラソンのアベベ（当時のマラソン界のエース）はこれを飲んで金メダルを獲ったとか野球選手がホームランを打ったとか、噂が噂を呼んで、飲み屋で飼われていたりもした。男はスタミナであり、家に帰らず寝ずに仕事をする男が理想だった時代だ。

今やスタミナという言葉も死語である。再び昆虫食が注目され始めたのが2000年代の初め。内山昭一氏の昆虫料理研究会が雑誌で取り上げられるようになり、変わったものを食べたい人たちが集まり始めた。

そして2013年、国連食糧農業機関（FAO）が『食品及び飼料における昆虫類の役割に注目する報告書』を発表、世界的に昆虫食に注目が集まることになる。

タンパク質クライシスのソリューションとして、昆虫は非常に優秀なタンパク質源だ。

タンパク質含有量は50～60％の牛肉や豚肉と比べて、60～70％（バッタやコオロギの場合）と遜色なく、何より飼育にかかるコストも環境負荷も牛豚に比べて桁違いに低い。

FAOによれば、ヨーロッパイエコオロギの肉（タンパク質換算）1キロを養殖する際に必要な飼料は豚肉の約4分の1、牛肉の12分の1。地球温暖化ガスの排出量は豚の50分の1、牛の2000分の1である。

タンパク質源として優れ、環境にもやさしい。意識を高く持てば、こんなに素晴らしい食べ物はないが……。人は栄養のみで食事をするにあらず。問題はゴキブリ1匹に悲鳴を上げて逃げ出す人たちが、コオロギを1キロ単位で食べたいかどうかだ。

◎コオロギラーメンの味◎

昆虫食レストランの『ANTCICADA（アントシカダ）』では世界初のコオロギラーメンを出している。

フレンチと見紛うオシャレな店である。客も華やかな女性と楽し気なカップルがほとんど。昭和の昔、昆虫食はゲテモノで、繁華街の端にあるゲテモノ屋はスタミナ補充中の中年男ばかりだった。ガラス瓶に詰められたカエルや蛇がアルコールの中で白目をむいていたものだが、変われば変わるものだ。

コの字型のカウンターは満席で、立って待つ客が7〜8人。大繁盛だ。みんなそんなにコオロギを食べたいのか。

コオロギラーメンを頼むと出てきたのはしょう油味のラーメン。トッピングは大ぶりのメンマと低温調理チャーシュー、その上に素揚げのコオロギが1匹。

他の店でラーメンに虫が入っていたら大騒ぎだが、ここではみんながラーメンに載った虫をスマホでバシャバシャ撮って大騒ぎである。

味はおいしい。ダシは2種類のコオロギを乾かし、煮干しのように使う。エサで味が変わるのだそうだ。素晴らしくクセのない、いいダシが出ている。

コオロギでダシをとり、コオロギを麺に練り込んだ『コオロギラーメン』。1杯あたりコオロギ約110匹を使う

麺の上にはコオロギが1匹、トッピングされているが映える

麺は丸山製麺でコオロギの粉末を練り込み、しょう油は大豆ならぬコオロギを発酵させたコオロギしょう油、コオロギと野菜を煮出したコオロギ油が隠し味のコオロギ尽くし。思った以上の濃いうま味にコオロギラーメンはありだと思ったが、問題は香り。虫特有の匂いが最後に来る。これをいい匂いと思うか虫かごの匂いと思うか。

◎昆虫食や代替肉は本当に必要なのか？◎

プラントベースな代替肉にしても培養肉にしても、食の選択肢が増えるのは良いことだ。新しいことへのチャレンジは大事だし、新技術からはスピンアウト技術も生まれる。たとえばインテグリカルチャーはスキンケア化粧品の原料を売り始めた。彼らの共培養システムでは培養液中に細胞の成長因子が大量に残る。ということは、この培養液を皮膚に塗れば、皮膚の細胞が成長し小ジワやシミを消すのでは？　というわけだ。

しかし昆虫や代替肉で、本当に食糧危機であるタンパク質クライシスを解決できるのだろうか。理屈は正しいのかもしれないが、どこかに貧乏人は虫を食え、偽の肉を食え、というエリートの傲慢を感じて仕方がない。

本気で食糧危機や環境問題を解決したいなら、牛を食べるのを控えるべきなのだ。

ノルウェーの非営利団体ＥＡＴが発表した『Ｇ20諸国の食事での１人当たり温室効果ガス排出量』では日本は20カ国中17位。トップはアルゼンチンで日本のほぼ4倍。

なぜアルゼンチンが？　原因は牛だ。

『世界の食肉需要の動向と飼料用穀物』（三井物産戦略研究所）によれば、２０１２年の１人あたり牛肉消費量はアルゼンチンがトップで59・９キロ、アメリカが37・４キロ。対してＥＵが15・３キロ、日本は９・８キロ、中国はわずか４・１キロ。

南北アメリカ大陸の方々は牛肉を食べ過ぎている。

新興国が肉を食べるのが悪いと言われても、南北アメリカが牛肉を食べ過ぎるせいで食糧危機＝タンパク質クライシスが起きるのでは？　アジア並みとは言わないまでも、せめてＥＵと同じレベルに落とせば、虫を食べたり大豆で肉を作らずに済むのでは？

しかし、そういうことは一切考えないのが現在流の環境保護だ。ステーキをモグモグしながら、やせないわ〜と言われているようなもので、どうしたものやら。今日ぐらいは肉はやめて、ヴィーガンラーメンを食べたらどうだろうか？

コラム
1

ラーメンの原料が石油って知ってました？
鉄郎が食べた合成ラーメンの味

◎人類の口の永遠の友とうたわれたラーメンの味◎

松本零士の描くラーメンは本当にうまそうだ。浪人生のさえない青春を描いた『男おいどん』の生卵入りラーメン、『銀河鉄道９９９』のラーメンライス、縦だか横だかわからないビフテキと並んで、心をわしづかみにされた。

銀河鉄道９９９は少年の成長の物語だ。母を殺された孤独な少年・鉄郎が謎の美女メーテルに導かれ、アンドロメダにある機械の体をタダでくれる星を目指して、銀河超特急列車９９９号に乗り込む。星々を巡る旅で、地球を離れて生活する人たちと出会い、鉄郎は生きるとは何かを知り始める。

銀河鉄道９９９の世界では、ラーメンと言えば合成ラーメンだ。もはや地球には原料がなく、本物のラーメンを作れない。食べるには他の惑星から密輸するしかないほどの、まぼろしの食べ物である。

旅の途中、鉄郎は生まれて初めて本物のラーメンを食べる。出てきたラーメンを前に鉄郎は「これが人類の口の永遠の友とうたわれたラーメンの味!!」（同作第10話『大四畳半惑星の幻想』）と涙ぐむ。

人類の友とまで言わしめる本物のラーメンに対して、その代替品である合成ラーメンとはどういうものだったのか。

マンガに合成ラーメンの名前は出てくるものの、パッと見は冷蔵のパック麺かインスタントの袋麺にしか見えない。しかし原料がないのだから、現在のラーメンとは全く別物だろう。インスタントラーメンの原料は本物のラーメンと変わらないからだ。スープが粉末になっていたり、うま味調味料や酵母エキスが使われているだけだ。

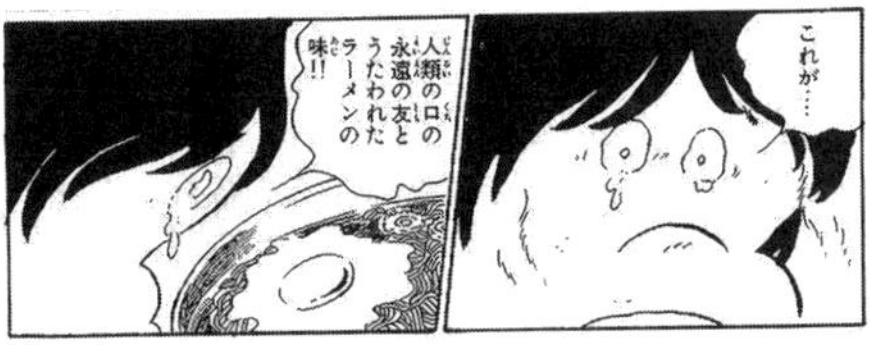

Ⓒ松本零士／零時社（『銀河鉄道９９９』小学館刊）より

◎石油から肉ができる?◎

合成ラーメンと聞いて想像するのは、土くれやヘドロのような食べられないものを材料に工場で作られる姿だ。食べられないものから食べられる炭水化物やタンパク質を作ることはできるのか?

石油肉の都市伝説を聞いたことはないだろうか。カップ麺の謎の肉は石油からできている、化学調味料は石油からできている、そういう噂である。

精製前の石油=原油はどろどろの真っ黒なタールで、とても食べられるようなものではない。食べたら、間違いなく病院か火葬場行きだ。それを食べさせられる貧民たちなんて、あまりにもデストピアだ。だからこそ都市伝説なのだろうが……それが本当だったのだ。

化学製品を扱う某大手企業の担当者から話を聞くことができた。石油から人工的に肉=石油タンパクができるらしいのだ。かつてそのような研究が日本で行われていたという。

◎ラーメンだって石油からできる……かも？◎

「弊社は天然ガスを掘ったり、天然ガスからメタノールを作っています」

天然ガスを酸化させたものがメタノールであり、アクリル樹脂などプラスチック製品の原料となる。その流れで同社ではメタノールからタンパク質を生産する研究を行っていた。タンパク質を作るといっても、石油からプラスチックを作るように作られるわけではない。微生物を利用する。ある種の酵母菌を使い、石油の場合はノルマルパラフィン、天然ガスの場合はメタノールをエサとして食べさせる。そして増やした酵母菌を食用にするのだ。

しかも、

「ある種の酵母菌はメタノールを分解して糖にすることができるんです。糖をエネルギー源として増殖する」

なんと！　石油から糖もできる？　糖が連鎖すれば炭水化物となり、タンパク質と結びつけば小麦粉のようなものができるだろう。スープは石油タンパクでダシをとればいい。

あくまで理屈上の話だが、石油からラーメンができるのだ。まさに合成ラーメン！　できあがった石油タンパクは、味やにおい、安全性から食用は見送られた。そして人間用ではなく養殖魚や家畜の飼料に魚粉の代わりとして添加された。

水産庁の試験では、魚粉のエサよりも30％も成長が良いことがわかった。特に高水温で生育するコイ、ウナギで良い結果が出たという。豚の場合、エサとする大豆粉の３％を石油タンパクに置き換え可能と試算された。

ところが量産を始めるなり、消費者団体からクレームが入った。石油は人体に有害で、それを家畜のエサに使ったら、飼料に残留した化学物質が肉にも残り、健康を害するのではないか？　というのだ。

発酵のプロセスで化学物質が残留すれば、酵母菌が死んでしまうので徹底的に除去されるのだが、放射能騒ぎを見ればわかる通り、そうした理詰めの説明は消費者に届かない。

「それに当時は分析技術が高くなく、石油由来のタンパク質の中に化学物質が残留していないと言い切れなかったんですね」

決定的になったのは当時の旧厚生省の課長による国会答弁だった。

「消費者の抱く不安を除けない中で、そういうものを開発しようとしていることはよろしくないと。それが決定的になって、今はこれはできないと」

官僚の事なかれ主義とハシゴ外しも、当時も今も何も変わらない。

合成ラーメンはベジマイトの味？

こうして石油タンパクは市場から消え、都市伝説化してしまった。

「ただね、今、タンパク質が不足しているんですよ」

家畜の飼料となる魚粉が不足しているのだ。肉骨粉騒動でわかる通り、草食動物である牛や豚も、一定量のタンパク質は必要で、それは魚粉で補われている。ところがこの魚粉が足りない。

「シャケの養殖で使うエサには魚粉が混ぜられます。シャケの生産量がどんどん増えて、魚粉が足りなくなっているんです」

エサが足りなければ、飼育できる家畜の頭数が減り、肉不足が起きる。そこで魚粉の代わりに、実績もある石油タンパクに再びスポットライトが当たり始めているのだ。

石油タンパクから人工肉を作ることはできないのだろうか？

「元は酵母ですから、大豆タンパクの技術を使えば、できるかもしれませんね」

これはロマンだろう。銀河鉄道999の未来だ。

石油タンパクの味だが、酵母を食べることになるので、味は酵母の味だろうとのこと。酵母の味ってどんな味？　酵母の食べ物は外国にすでにある。オーストラリアで食べられているベジマイトだ。ビール酵母をベースにしたジャム状の食べ物で、パンやクラッカーに塗って食べる。オーストラリアならどこでも買える、オーストラリア人のソウルフードである。

ソウルフードは他の国の人にわかってもらえないからソウルフードで、日本の納豆や塩辛は他国の人にはキツイ。ベジマイトも同様で、世界屈指のまずさで知られる。食べた人にはわかるだろう、あの形容しがたい、独特の発酵臭とねっとり感。アンチョビのような塩っぽさ。ずいぶん昔に食べたのにいまだに鮮明に味が思いだせるほどの衝撃だった。

ベジマイト味のラーメン……そんなものを（すいません、オーストラリアの人）長らく食べて、ついに本物のラーメンを食べたら……泣くよな。泣く、鉄郎じゃなくても泣く。メーテルだって泣くだろう。
現代に生まれて本当に良かった。

人類はラーメンさえ食べていればいい　完全栄養食品としてのラーメン

2

それさえ食べていれば栄養は十分、健康になるという完全栄養食品。果たしてラーメンは未来の完全栄養食品になりえるのだろうか。

ラーメンは完全栄養食品か？

昔読んだマンガにあった「ラーメンはフルコースだ！」というコマをずっと覚えていた。あれはなんというマンガだったのか？　ネットで調べるとすぐに出てきた。『熱いですよ！』（原田久仁信・きむらはじめ／小学館）で、1986年1月1日発刊だった。

「ラーメンのドンブリには!!　フランス料理の前菜にあたるメンマ!!　スープに、メインの肉のチャーシュー!!　サラダ相当のネギと青菜、もちろん主食のメン!!　なんと……フルコースが入っているんだ!!」（同）

今、読むと……何を言っているんだ、こいつは？

しかし、だ。こういう考え方は分子料理の基本であって、フレンチを再構築したものがラーメンだと言えなくもない。ドンブリにフルコースが詰まっているかどうかはともかく、栄養素はどうなのか。ラーメン1杯で必要な栄養がとれるものなのか？

食品学の専門家が書いた『あれは錯覚か!? 超人気グルメのぶっちゃけ解剖学』（笠岡誠一・都築馨介・横川潤／柴田書店）によれば、一般的なしょう油ラーメンのカロリーは1

杯505キロカロリー。1日3食食べれば、一般女性の1日分のカロリーとほぼ等しくなる。

栄養価はどうか。厚生労働省『日本人の食事摂取基準（2020年版）』によれば、一般男性が必要とする1日の栄養は

・タンパク質　65グラム
・炭水化物　総カロリーの50〜60％
・カリウム　2500ミリグラム
・カルシウム　750〜800ミリグラム
・ビタミンB1　1・4ミリグラム
・ビタミンB2　1・6ミリグラム
・ビタミンC　100ミリグラム

これは1日分の栄養なので、この3分の1がラーメン1杯でとれれば、めでたくラーメンは栄養フルコースということになる。

タンパク質は23・6グラムなのでクリア、炭水化物は42・4％なのでやや過多、カリウム、カルシウムもほぼクリアだが、ビタミンB１は足りるもののビタミンB２はやや不足、ビタミンCは1食11ミリグラムなので全然足りない。また脂質は総エネルギーの20～30％が推奨されるが、38・9％とかなり高めだ。

カロリー、タンパク質は問題ないが、脂質が多く、ビタミンが不足する。

3食ともラーメンを食べて健康というわけにはいかないらしい。

ラーメンで全栄養は難しい

では野菜マシマシの『ラーメン二郎』ならどうか？　同書の計算ではラーメン二郎のカロリーは1杯1599キロカロリー。これ1杯でカロリーは十分。もう何も食べる必要はない。ではラーメン二郎1杯で3食分の栄養をすべてクリアできるのか？

ラーメン二郎1杯に含まれるカリウムは1068ミリグラムで必要量の半分、カルシウム115ミリグラムは必要量に遠く及ばず、ビタミンB２は0・41ミリグラムで必要量の3分の1、ビタミンCは23ミリグラムで同5分の1。カロリーばかり高く、栄養価は低いわけだ。しかも総カロリーに占める脂質の割合が60％！

栄養素を過不足なくとろうとすれば、2杯以上食べる必要があり、カロリーは3000キロカロリーを超える。ラーメン二郎だけを食べて暮らすことは不可能らしい。

一般にラーメンのイメージはヘルシーではない。栄養素から見ても脂質と糖質が多く、ビタミンが不足し、塩分が多い。ラーメン＝生活習慣病のイメージは根深い。毎日食べるとどんどん不健康になる、それがラーメン。

ラーメンの過不足を補い、完璧な栄養バランスの完全食としてラーメンを作り出すことはできないのか。

朝も昼も夜もラーメンを食べて、ますます健康、そんなラーメンが可能なのかどうか、探ってみたい。

◎完全栄養食品ソイレントの衝撃◎

世の中には、食事をするのに興味がない、時間の無駄と考える人たちが一定数いる。

アメリカ人のロブ・ラインハートは、ある朝、卵を焼きながら疑問に思った。

これから先、毎朝、どのくらいの数の膨大な卵を焼き続けるんだ？

……焼けよ、卵ぐらい。焼いてやれよ、30年間、毎日2個焼いたからって2万個じゃないか！　10個入り2000パックだろう！

……たしかに多い。

そして彼は卵を焼かずに済ませるには、どうすればよいかを考えた。

卵を焼くよりも簡単に短時間で食べられる完璧な栄養食を作ればいいんじゃないか？

シリアルに牛乳をかける程度の手間で、1日に必要な栄養価のおよそ3分の1を満たす食品があれば、残りの人生で卵を焼く必要はない。

そのイメージに一番近い食品といえばプロテインパウダーだ。ボディビルダーはホエイプロテインパウダーとビタミン剤と鶏のササミで生きている。だからそれらを全部混ぜ合わせれば、他に何も食べずに済むはずだ。

試行錯誤の末、作られたのはオーツ麦の粉末と米から作ったタンパク質を基本に、大豆レシチン、食物繊維、ビタミンやマグネシウムなどの微量物質などを混ぜ合わせた粉末だった。これにキャノーラ油と魚油を加え、水を混ぜると乳白色のドロドロした液体ができる。それが完全栄養食品『ソイレント』だ。

1食＝148グラムのカロリーは、粉末だけの場合は510キロカロリー、オイルを加えると670キロカロリー。つまり1日に3食または4食で2000キロカロリー前後が摂取でき、1日に必要なカロリーをカバーすることができる。

◎食とはエネルギーの補給ではない◎

どんな味か知りたかったので、知人友人でソイレントを個人輸入した。白いラミネートパックに黒いフォントでシンプルにデザインされたソイレントのパックは、いかにもIT系の出身者（ロブ・ラインハートはソフトウェアエンジニアである）が好みそうなデザインだ。１パックは４４７グラムなので、およそ３〜４食分。この全部をまとめて水１・66リットルに溶き、別添のオイルを加えてから、朝昼晩とおやつに飲む。

どんな味かと言われれば、プロテインの味としか言いようがない。一番近いのは缶のカロリーメイトだ。カロリーメイトは１缶２００キロカロリーなので、２缶半を１食にすれば、ソイレントとほぼ同じカロリーと栄養価である。

一緒に飲んだ知人たちは口々に

「きな粉ですね、きな粉ミルク」

「たこやきを溶く粉みたい」

「おいしくもなきゃマズくもない」

「こんなの食卓に出されたらイヤミだ」

評判はよろしくない。ラインハートは『ＶＩＣＥ』誌のインタビューで「It tastes very good. I haven't got tired of the taste in six weeks. It's a very "complete" sensation, more sweet than anything（＝超うめえぜ。６週間飲んでるが、まったく味に飽きないね。こいつより

ソイレントはプロテイン状の粉末に水とオイルを加えて飲む。意外と高カロリー

完璧な味なんかないぜ)」と言っているが、ジャパニーズはお気に召さないようである。

1パックの料金は関税や運賃を加算するとおよそ3500円。アメリカで買えば、その半額。それでもラインハートが言うほど安くはない。食事にかかる時間の節約がソイレントの主目的なのだ。

◎まったく楽しくないソイレント生活◎

2日間、食事をすべてやめてソイレントに変えてみたが、まったく楽しくなかった。カロリーは足りているんだろうが、液体を飲むだけなので、お腹はとても早く空く。お腹が空けば、ソイレントもそれなりにおいしくなってくる。飽きる飽きないというより空腹感が強い。犬やハムスターが毎日同じ物を食べてよく飽きないなと思っていたが、なんとなくわかった。腹が空けば何でもおいしい。

2日間、ソイレントでしのいで3日目の朝。前の晩に家族が食べた夕飯を朝ご飯として食べたら、舌がきらめいた。ほとんど消化に使わなかった胃に熱い味噌汁が染み渡った。

ソイレントは食事にかかるコストを大幅に節約できるとラインハートは言う。そりゃそうだろう。粉末を水に溶くだけなんだから。だから何だって話である。

それをする時間は無駄だ、あれは無駄だ、これは無駄だとＩＴ系の人たちはよく言う。彼らの言い分を聞きながら、思いだすのはミヒャエル・エンデ著の『モモ』に出てくる〝灰色の男たち〟。〝灰色の男たち〟は、歯磨きの時間も服を着替える時間もみんなが暖炉の前に集まる時間も、何もかもが無駄であなたの時間が奪われていると村人を脅かし、奪った時間をタバコに詰めて吸っていた。

私は時間泥棒と戦うモモの味方である。人生はそのすべてが美しい無駄なのだ。

◎完全栄養パスタとは何か？◎

ベースフード社のベースパスタは、1食で1日に必要な栄養の3分の1を取ることができるパスタである。実に未来的だ。

ソイレントは食事を作ることや食べることを手間と考える人物が作ったが、ベースパスタはどうか？

　ベースフード社の橋本舜氏は言う。

「一人暮らしでよく食べるといえば、ラーメン、ハンバーグ、牛丼あたりで、全部、栄養が足りないとか体に悪いと言われる食べ物です」

　じゃあこうした一人暮らしのための食品で栄養がとれればいいのではないか？　完全栄養ラーメンや完全栄養牛丼があればいいんじゃないか？

「だから栄養バランスが良い主食をつくればいい」

　こうしてスタートしたのがベースフード社である。

　同じ完全栄養食品でも、主食を完全栄養食品に変えるベースパスタの発想は興味深い。

◎ＩＴ系から独立起業◎

　元々はＩＴ企業で新規事業開発を行っていた橋本氏。

「一般住宅の駐車場を時間貸しするシステムや自動運転車を使ったタクシー会社やバス会

社を作る企画をしたりしていました」

そうしたある日、自分の食生活がひどいことに気がつく。

「実家にいる時は、それなりにうまいものを食べさせてもらうじゃないですか？　それが社会人になって勤務先が渋谷で、拘束時間もそれなりに長いと自炊をしないわけですよ。99％外食なんですが、まあひどい。朝は食パン食べて、昼はコンビニでパスタか何か買ってきて、夜は中華かカツカレーぐらい」

健康診断の数値も悪くなり、これはヤバいと自炊を始めようとしたが……。

ベースフードCEO 橋本舜氏

「スーパーで何を買っていいかわからない。シイタケが体にいいのか、きゅうりは水と聞くけど本当なのか、わからないわけですよ」

一人暮らしの男なんてそんなものだろう。

しかし新規事業開発で鍛えた頭脳はそこで止まらなかった。

これから少子高齢化が進めば、医療費の増大はさらに深刻化しているだろう。健康寿命が非常に重要になってくる。健康を維持するのは食、睡眠、運動の組み合わせだ。睡眠と運動はわかりやすい。時間と比例する。しかし食＝栄養は相応の知識や調理の習慣がなければ難しい。

「栄養がボトルネックなんですよ。これを解決すれば、健康になるんじゃないかと思ったんですね」

栄養バランスがどうこうみたいな細かな話を、全部すっ飛ばせるぐらいインパクトのある商品を作ることはできないか？

それが主食の完全栄養化であり、栄養が足りないものに栄養を足すというベースフードのコンセプトとなる。

◎月間1万食を売り上げ◎

最初に開発したのが完全栄養パスタ『ベースパスタ』だ。

「米も玄米にすると栄養価が上がります。しかしオメガ3脂肪酸など足りない栄養素も多い。足りない分を足していけば、完全栄養になるはずです」

製粉した小麦粉はデンプンがほとんど。そこで全粒粉を使い、ヨウ素を補うために昆布を加え、オメガ3脂肪酸を足すためにチアシードを加えるなどして栄養価を調整、1食で厚生労働省の1日摂取基準の3分の1を満たすように設計した。

「パスタはゆでると栄養がお湯に溶け出します。そこでビタミンなど水に溶ける栄養素は基準値より多く配合しています」

なぜパスタなのか？　別にラーメンでも米でも同じことができるのではないか。

「ラーメンは家で作らないじゃないですか。インスタントラーメンも、毎日は食べないですよね。パスタならゆでてソースをかけるだけで、誰でも簡単に作れてソースのバリエーションもたくさんあって、案外、飽きなくてきちんとした料理の感じがしますよね」

ベースパスタは栄養の〝ベース〟であり、毎日の生活の〝ベース〟になる食事を目指している。

◎食事のベースとなる食事◎

ソイレントと同じ完全栄養食を謳うベースパスタだが、私はベースパスタに感動した。

それが根本的にソイレントとは真逆の発想で作られた食品だったからだ。

必要な栄養をとることは、言うほど簡単ではない。特に料理に興味のない学生や新社会人にとっては、結構なストレスだと思う。

ベースパスタは文字通りに食生活のベースを目指す。朝ごはんを食べない、夕飯はファストフードのようなデタラメな食生活でも、子どもたちが健康を維持できるのは学校給食があるためと言われる。栄養価の計算された食事が1日に1食でもあれば、そこから食のバランスを保つことはできるのだ。

2018年から不定期ではあるが、ベースフード社は有名ラーメンチェーンの『凪』とコラボして完全栄養ラーメンを販売している。日清食品が『All-in NOODLES』で参入したり、ラーメンにも完全栄養食

完全栄養食『ベースパスタ』。全粒紛（小麦の皮も一緒に挽いたもの）に似た風味がある。他にパンとクッキーも販売中

ベースパスタでつくるラーメンもお勧めというのでチャレンジ。麺の味が強いので、スープが濃い方が合う。つけ麺の方が相性がいい

の波は訪れている。

ラーメンだけで栄養をすべてまかなう未来はすでに来ている。

◎アメリカの悪夢？　USAな完全栄養インスタントラーメンに爆死◎

日本で動き出した完全栄養ラーメンだが、実はアメリカではすでに完全栄養インスタントラーメンが販売されている。それが『Vite RAMEN（バイトラーメン）』という。アメリカ製の完全栄養インスタントラーメンだ。

おいしくないという噂は聞いていたが、正直、ここまでとは思わなかった。

種類は3つ、しょう油チキン味、ポークガーリック味、ベジタブル塩味。定番と思われる、しょう油チキン味を開封した。

麺、やくみ、オイルの構成は日本のインスタントラーメンと変わらない。問題はもう一袋、Noodtrientである。栄養のことを英語でNutritionというので、ヌードルとひっかけたダジャレ？　封を切ると中は真っ白な粉だった。ヤバい。

作り方は一般的なインスタントラーメンと同じ。500ミリリットルのお湯で2分半煮て、スープ等々を加える。

麺を煮始めて、異変に気づいた。

この麺、固いぞ？　普通の麺は水分を含んでほぐれ始めるとやわらかくなるが、まるで揚げ焼きそばのように麺が立っている。大丈夫なのか。そしてどんどんお湯を吸い込む。これはラーメンはラーメンでも、つけ麺の麺サイズではないか？　この太さがアメリカン？

時間通りにゆでると、ラーメンよりもうどんに近い麺がゆだっていた。そこにスープを加える。謎の粉、Noodtrientも混ぜる。それで完成だ。

見かけは太麺のラーメン。

さっそくひと口。

……。

……これはなんだ？

まず麺がおかしい。全粒粉を使っているからか、独特の苦み

世界初の完全栄養インスタントラーメン、アメリカ生まれの『バイトラーメン』

袋を開けるとスープ以外に謎の白い粉末が入っている。これが栄養強化のNoodtrientだ

とミントに近いスッと冷える味がする。アクセントとして使うならおいしいと思うが、量が多すぎる。だからだろう、麺は水分を吸っているのに食べた印象はゴワゴワだ。

スープは問題外にひどい。欧米にダシの概念がないのはわかってはいるが、コンソメスープがあるだろう。マギーブイヨンはおいしいだろう。なのにこれはなんだ？　うま味がない。うま味がないから、塩味や香辛料の風味がスープから浮き上がっている。まとまりがない。そこにNoodtrientである。

Noodtrientの味はひと言でいえば、風邪薬。胃薬じゃなくて風邪薬。まったく舌に優しくない。ケミカルな味ってどんな味かと聞かれたら、Noodtrientの味と答えるぐらい薬の味だ。サプリメントを粉末にして混ぜただけじゃないのか。

インスタントラーメンもラーメンも食べたことのない人が、聞いた話だけで作った食べ物のようで、ツライ。半分も食べられず、中華スープを足してみたら、もっと味がメチャクチャになってしまった。

完全栄養食が未来の食事なら、これこそまさに未来。現代の価値観では計り知れないマズさである。完全栄養食市場に参入するのは結構だが、食べ物を扱っているという矜持は持ってほしいと消費者としては思うのだ。

コラム 2

ラーメンピザにラーメンドーナツ、アメリカンなラーメン料理

◎ラーメンバーガーを作る◎

アメリカンな食べ物と言えば、ピザ！ バーガー！ そしてドーナツ！ それをアメリカの方々は全部インスタントラーメンで作ってしまうのだ。本当だ。

目を疑ったが、本当に作って食べていた。アメリカ人の発想は日本人と違う。

イノベーションとは何か？ をラーメンバーガー、ラーメンピザ、ラーメンドーナツを作りながら考えたい。

まずはラーメンバーガーから。

材料は1個分で、

・インスタントラーメン　1袋
・卵　1個
・ハンバーグ　1個
・照り焼きソース　適量
・マヨネーズ　適量

シンプルである。とにかく簡単。簡単なので、うちの子どもに作らせる。はい、お湯にインスタントラーメンの麺を入れて。スープは使わない。

「ういーす」

袋に書いてある規定の時間だけゆでたら、麺をざるにあげて、流水で洗う。

「手で？」

手で。

「あっち！　あっちーギガ熱し」

お前はバカか。まず水かけて冷やしながら、洗いなさいよ。

ボウルに移し、卵を割り入れて、麺とよくからめたらラップを下に敷いた円形の器に麺を入れる。麺がバーガーのバンズになるのだ。

上から重石（缶詰などで良い）を載せて、冷蔵庫へ。30分放置する。冷えたところで取り出し、ラップごと引き抜くと麺のバンズである。

「すげえ丸い」

油（分量外）を少々敷いたフライパンで焼く。弱火でじっくり両面を焼いて、焼けたら取り出して、次はハンバーグ。

ひき肉から作るのは面倒だから、スーパーの肉売り場で買ったハンバーグを使う。両面が焼けたら、市販のテリヤキソースをからめる。テリヤキソースも作りたい人は、しょう油と砂糖とみりんを混ぜて作ればよい。ソースは多い方がおいしい。

ラーメンのバンズの上にハンバーグを載せる。マヨネーズをかけたら、上からもバンズで完成だ。

では試食。

インスタントラーメンをバンズ代わりにしたラーメンバーガー。意外とおいしい

「うめえ！　これ、うめえ！　うん、卵のとこがおいしい。卵が効いてる」

ホントだ、卵がうまいな。ハンバーガーではないが、これはこれでおいしい食べ物だ。チーズを足したり、もっと具を増やせば、リッチにおいしくなりそうだ。

考えてみれば、ラーメンの麺だって小麦粉、パンも小麦粉。細く切ってゆでるか、塊で焼くかの違いだけである。やるな、アメリカン。

◎ちょっと微妙なラーメンピザ◎

続いてラーメンピザだ。

材料は1枚分で、

・インスタントラーメン　1袋
・市販のトマトソース　適量
・チーズ　適量

・サラミかハム　適量
ラーメンの麺を2つに割る。インスタントの麺は薄い麺が2枚重なっているのだ。

「こんなの、割れなくね？」

そういう時は包丁を入れて、少し押し込めば割れるだろ？　はい、2枚になった。ラーメン1袋でラーメンピザは2枚作れる。

表面にトマトソースかピザソースをたっぷり塗る。上からチーズ。サラミを載せる。オーブントースターで焼くことおよそ10分。

お、うまそうじゃないか。作るのも簡単だし。さあ食べてみて。

「これさあ、ラーメンじゃなくてよくね？」

マズい？

「おいしいんだよ？　おいしいんだけど、ラーメンにチーズとサラミ載っけただけというか、意味なくない？」

どれ……うん、そのとおりだな。学生が食べるものがなくて、インスタントラーメンにも飽きちゃって、思いつきで作った味だな。まあでも、飲み会でもう1品欲しい時にいいんじゃないか？

「飲み会はよくわかんないけど、そういうものって思えばいいかも」

私はこれはあり。今度、誰かに食べさせよう。

◎これはやめておけ、ラーメンドーナツ◎

さて問題はラーメンドーナツだ。通称ラムナッツ。嫌な予感しかしない。
材料は2~3個分で、

・インスタントラーメン　2袋
・オルチャータ　500CC
・卵　1個
・粉砂糖　適量
・チョコレートソース　適量
・ホイップクリーム　適量

オルチャータは甘い豆乳とココナッツミルクの中間のような飲み物で、スペインでは普通に飲むのだそうだ。輸入食品雑貨でもめったに扱っていない（一部のカルディでは扱っている）ので、豆乳やココナッツミルクを水で薄めて、砂糖を入れて代用すればいい。

オルチャータを沸騰させて、麺を煮る。ボウルに入れて冷まし、卵を入れてよくあえる。平たい器に伸ばして入れて、冷蔵庫で3時間冷やす。ひっくり返して器から出し、丸い容器や空き缶を使って型抜き。丸く型抜きしたが、ドーナツの形にこだわらなければ四角く切り分けてもいい。その方が無駄が出ない。

油でこんがりと揚げる。中火→弱火で5〜6分、泡が出なくなり、油の中で麺が浮き上がったら完成だ。

粉砂糖を振り、チョコレートソースとホイップクリームを載せて、はい召し上がれ。

どう？

「う、う、ううーん」

どうした？

「食べられなくないマズさ」

なんだそりゃ。

「断面見るとダメ、それに口の中で麺がほどけてイヤだ」

あ〜。

「ダメだ、ギブ！　麺はしょっぱい方がいいよね」

どれどれ……これは！

芸術的に完成されたマズさだぜ。ラムナッツって名前まで付けて、マズさが心に染みる。なぜだ、アメリカン？　嫌がらせか？

嫌がらせなマズさのラムナッツ。作らない方がいい

チャレンジすればいいというものではない

アメリカ人のチャレンジ精神は素晴らしい。とりあえずやってみるという精神から学ぶものはある。しかし、考えりゃわかることをやらなきゃわからないってどうなのか。

日本人は、欧米人より発明の才能がないと言われる。猿まねの国民だと。そんなことは全然ないのだが、そう思われてしまうのは、ラーメンで寿司を作るとかラーメンを天ぷらにすることに、日本人がものすごく抵抗するからじゃなかろうか？

世界で通用する発明はラーメンピザであって、無化調・自家製麺・低温チャーシューのこだわりのしょう油ラーメンではない。この温度差がグローバル化の本質を表している気がする。新しいから、革新的だからとラムナッツはニュースにも取り上げられた。

しかし、だ。イノベーションが何かはわからないが、少なくともラムナッツではないことはたしかだ。

参考

ラーメンバーガー

http://www.notquitenigella.com/2013/11/04/ramen-burger-recipe

ラーメンピザ

https://www.facebook.com/buzzfeedtasty/videos/1627010727551570

ラーメンドーナツ

https://laist.com/news/food/recipe-ramnut

コラム 3

インスタントラーメンは本当に体に悪いのか？

◎カップラーメンは添加物のかたまり？◎

カップラーメンは体に悪いと言う人がいる。何が悪いのかというと、食品添加物が多いから。そういう人の言う、食品添加物の定義がはっきりしない。

食品添加物＝台所で調味料として使わないもの全部という乱暴なまとめ方をする人もいる。カップラーメンのパッケージに書かれている内容を羅列し、こんなに食品添加物が入っている、危険だと大騒ぎをする。しかし食品添加物にはエキスやうま味調味料は含まれないので、それを省くと意外と残らない。

体に悪いとよく列挙されるのは、炭酸Ca、増粘多糖類、カラメル色素やカロチノイド色素などの色素類、乳化剤、酸化防止剤あたりだ。

順に見ていこう。

炭酸Ｃａは重曹やベーキングパウダーなどのふくらし粉に熱を加えた後でできるもの。一般の麺やパン生地には含まれている。重曹は台所にあるし、ベーキングパウダーなしでパンを焼くことはあまりない。当然、無害。

増粘多糖類はグアーやキサンタンガムなど響きが怖い。しかし原料は豆や海藻、デンプンなど天然素材。海外なら食べている人たちもいる。たとえばグアーはグアー豆が原料で、インドではカレーに入れて食べる。キサンタンガムは微生物から作られる増粘多糖類で、原料はとうもろこしなどのでんぷんだ。毒性はまったくなく、化粧品にも使われているので、知らずに顔に塗っている人も多いだろう。

カラメル色素もカロチノイド色素も天然着色料という、自然物の色素を使ったもの。カラメルは砂糖などの糖分が焦げたものだから、これがダメなら、自家製プリンも体に悪いことになる。カロチノイドはカロチン、ニンジンのオレンジ色だ。

◎合成保存料や合成着色料は使われていない！◎

乳化剤にはグリセリン脂肪酸エステルやショ糖脂肪酸エステルなどがあり、名前からして怪しい。

カップラーメンでの乳化剤の役目は、スープの成分を均一に混ぜ合わせること。油と水は放っておくと分離するが、上手に混ぜてやれば、マヨネーズのように均一に混ざり合った状態＝乳化になる。白濁した豚骨スープは乳化の好例だ。乳化剤は乳化の手助けをする。

乳化剤は洗剤でいうところの界面活性剤と同じ役割をする（洗剤で油が落ちるのは、油と水を乳化させて、一緒に洗い流すため）が、成分はまったく違う。乳化剤の原料は天然素材であり、食品だ。グリセリン脂肪酸エステルの原料はヤシ油などを分解して作るグリセリンと植物性の油脂で、ショ糖脂肪酸エステルは砂糖と植物油だ。要は天ぷら油の仲間で、食べても害はない。

酸化防止剤にはビタミンCやビタミンEが使われる。この種類のビタミンは体内で活性酸素を除去する。同様にカップラーメンの中でも食べ物より先に酸素と結合して、食べ物の酸化を防ぐ。もしビタミンが体に悪かったら、野菜は食べられなくなる。

水分が含まれないため、カップラーメンは腐らない。長期間、変色もしない。だから合成保存料や合成着色料は使われていない。細菌が増えない、酸化もしにくい食べ物に、わざわざ化学物質を加える必要はないのだ。

見たことのないカタカナの名前に、反射的に工業製品や薬品をイメージし、嫌悪する気持ちはわかる。不安に思ったら、一度、食品添加物を作っているメーカーのサイトを覗くといいだろう。あいまいな情報で不安になるよりも、原料がわかって安心できる。

◎うま味調味料を悪者にする悪者がいる◎

食品添加物が天然由来だと知っている人たちは食品添加物を問題にしない。問題にするのは、うま味調味料もしくはその類似物質、塩分、リン酸塩だ。

うま味調味料にはグルタミン酸などのアミノ酸系とイノシン酸などの核酸系があるがどちらも酵母を使って、糖蜜やでんぷんなどを発酵させて作る。

アミノ酸だけ抽出するとうま味調味料、酵母ごと加工してしまうと酵母エキスになる。この2つは限りなく同じなのだが、法律上は別物だ。だから化学調味料無添加と言いつつ、酵母エキスは使うということが起き、それはそれで問題だったりもする。

うま味調味料が体に悪いという話のルーツは、1960年代のアメリカにさかのぼる。中華料理を食べたアメリカ人が頭痛や吐き気を訴え、その原因がMSG＝化学調味料（最近はうま味調味料と呼ぶ）とされたのだ。これは中華料理症候群やMSG症候群と呼ばれ、社会問題化する。

その後、非常に大規模な疫学調査が行われたが、うま味調味料の有害性は発見できなかった。また、うま味調味料を大量に入れた料理でも、うま味調味料は使っていないと説明するとMSG症候群が一切発症しないため、思い込みと考えられている。

以前、うま味調味料メーカーにMSG症候群のことを聞いたら、グルタミン酸が体内で最も多いアミノ酸であると説明された。体を作っているアミノ酸が体に悪いとは考えられず、あるとすれば、経験的な料理の味よりもうま味が濃すぎるために、脳が混乱した結果ではないか？　ということだった。

ラーメン○郎では、ファンが魔法の粉と呼ぶ、うま味調味料をたっぷり入れる。ラーメン○郎を食べると私は体の調子がおかしくなるが、それは圧倒的な油と麺と肉のためであって、うま味調味料のせいだとは思わない。

ちなみにポークエキスや貝柱エキスと書かれているのは、食材を煮込んだスープを乾燥させたもの。調味料メーカーに話を聞いたところ、作り方はラーメン店と同じ。煮るためのタンクのサイズがラーメン店の寸胴よりはるかに大きいだけだ。

ポークエキスであれば、豚の骨＝ゲンコツや背ガラをひたすらに煮る。圧力釜を使って短時間で骨の中のうま味を抽出する場合もあれば、常圧で長時間煮込むことで出てくる味を重視することもある。カップラーメンの場合、このエキスを高温乾燥させて粉末にするか、液体スープとしてしょう油などを加えてパックにする。

この白い粉を水に溶くと豚骨スープになる、と食品添加物の恐怖をあおって金儲けをした人がいるが、あの白い粉は乳化した豚骨スープを乾燥させたものなので、水を加えればスープに戻るのは当たり前。危ないと煽る人物こそが危ない。

おいしく食べたい日本の大発明

カップラーメンは塩分が多い、だから健康に悪いという人もいる。これは本当だ。カップラーメンにはそれなりに塩分が含まれている。とはいえ、お店のラーメンに比べればおよそ半分（約5〜6グラム）なのだが、成人男性の1日の推奨摂取量は8グラムなので、塩分が多いと言われても仕方がない。

気になる人はスープを残せばいい。塩分は麺に3分の1、スープ・かやくに3分の2が含まれるので、スープを残せば、かなりの減塩になる。

うま味が多い方が塩分は少ない。塩分濃度計で、豚骨味・みそ味・しょう油味のカップラーメンの塩分を測定したことがあるが、一番塩分濃度が高かったのはしょう油味だった。しょう油味は他の2つよりあっさりしている。つまりうま味が少ない。うま味には他の味を強く感じさせる作用があり、うま味を増やせば塩分を減らすことができる。塩分が気になる人はしょう油味や塩味を避けるが吉。ご参考まで。

リン酸塩は健康被害があるとして、害悪視されている食品添加物だ。タンパク質に水を含ませる力が強く、ハムやソーセージなどの加工食品から冷凍食品や味噌、しょう油まで非常に広く使われている。コーラを飲むと骨が溶けるという都市伝説も根拠はリン酸塩だった。リン酸塩は炭酸飲料の酸味づけに使われているが、カルシウムの排出を促し、骨をもろくすると言われた。

ＥＵではリン酸塩の冷凍肉への使用をめぐって、２０１７年に議会投票が行われ、３票差で否決された。リン酸塩は本当に体に悪い物質なのか？

日本食品添加物協会のホームページには、「日本人のリン摂取量は９８０ｍｇ前後／日である一方、食品添加物由来のリンの摂取はその数％というレベル」（同サイト https://www.jafaa.or.jp より　参考：日本透析医会雑誌 Vol.30 No.3 512-518［２０１５］）なので、気にする必要はないとのこと。

ゼロリスクを求める人に、数値上、ごくわずかだから安全という説明は届きにくい。水でもしょう油でも飲み過ぎれば毒だという比喩も、それとこれとは別と言われてしまう。理屈と感情のバランスは難しい。

最後に容器の問題。１９９６年に発刊されたシーア・コルボーンらの『奪われし未来』（邦訳は２００１年）で取り上げられた内分泌攪乱を起こす物質、環境ホルモン。カップ麺に使われている発泡スチロールやポリスチレンの容器からスチレントリマーとスチレンダイマーという環境ホルモンが溶け出すとされた。現在、環境ホルモンは誤認だったとされ、厚生省の『内分泌かく乱化学物質の健康影響に関する検討会中間報告』(平成10年11月19日)で人間への影響はないと結論されている。

世界の食文化を変えた日本の大発明、カップラーメン。これからも楽しく食べていきたいものである。

3

未来のチャーシューは通電済み
アンドロイドは電気チャーシューの夢を見るか

電気で肉がおいしくなる？　熟成肉ブームの昨今、電気を流して熟成期間を一気にショートカットする電気肉は低温調理チャーシューの次にブームを生み出すのか？

◎低温調理が起こしたチャーシュー革命◎

ラーメンに載っているチャーシューといえば、昔から茶色が当たり前だった。豚肉をしょう油と砂糖で甘辛く煮るか漬けるかするのだから、チャーシューの色は茶色が当然。

チャーシューは漢字で焼豚と書く。しかし日本のラーメンのチャーシューは焼かずに煮る。昔は中華料理のチャーシューと同じく、釜で吊るし焼きにしていたらしいが、今は煮豚をチャーシューと呼ぶ。だから日本のチャーシューは茶色だ。

ところがこの数年、多くの店、特にラーメンの年間ベストに選ばれるような店では、チャーシューはピンク色に変わった。このピンク色のチャーシュー、ものすごく軟らかくてハムっぽい香りがする。ふわふわで、とてもおいしい。これまでのチャーシューとは別次元だ。

肉が違う？　そうではなく、作り方が違うのだ。

ピンク色のチャーシューは、低温調理というやり方で作る。タンパク質が凝固する60度前後で長時間加熱すると、ピンク色のチャーシューができるのだ。

低温調理（真空調理ともいう）は1979年にフランスで発明された、まだ新しい技術だ。

90年代、ソースを泡にしたり液体窒素でアイスクリームを作ったり、見慣れないフランス料理が一気に登場した。分子料理という新しい料理のジャンルだ。調理をバラバラにして科学的に正しいかどうかを考え直し、料理の再構築を行う。

科学実験のような調理はマスコミや食通の受けも良く、分子料理の発信元となったスペインの『エル・ブジ』（現在、閉店）は世界一のレストランとして有名になった。

分子料理では肉は低温で調理する。たとえばステーキは鉄板やフライパンで焼くものだったが、分子料理ではステーキを煮る。

まず牛肉を真空パックにする。そのままお湯に入れる。煮るわけだ。真空パックにしないとお湯にうま味が流れ出すし、空気はお湯よりも熱の伝わり方が悪いので、空気を抜く＝真空にしてしまう。お湯の温度は63～68度。熱湯だが、ぐらぐら沸いてはいない。この温度がポイントだ。

タンパク質は63度から固まり始めて、68度から水分を分離、つまりうま味が肉の外に逃げ始める。63～68度で加熱すれば、肉は固くなりすぎずにうま味も逃さず、それでいて熱によって筋繊維はほぐれて軟らかくなり、細胞の中から出たうま味が筋繊維の間を満たしておいしくなる。肉のジューシーさが失われず、生肉のような赤みを残した肉に仕上がるのだ。

加熱が終わったら袋から出して表面を焼く。「糖とアミノ酸で焦げる＝メラノイジンができる」のをメイラード反応と呼ぶ。パンの焼けた茶色やしょう油・味噌の茶色もメイラード反応だ。焦げが香気成分を生み出し、香ばしいおいしさになる。

これが究極のレアと呼ばれる、低温調理によるステーキの作り方だ。ピンク色のチャーシューは、豚肉を低温調理で処理する。

◎ピンク色のチャーシューの作り方◎

ピンク色のチャーシュー作りも、基本はステーキと変わらない。しょう油、酒、みりんを基本とするタレに肉を漬けて下味をつけ、低温調理器（お湯の温度を一定に保つ装置で、家庭用は鍋に投げ込むスティックタイプが一般的。業務用は専用の寸胴型）で63度に加熱したお湯の中に真空パックした肉を入れる。

豚肉の場合、気をつけなければならないのが食中毒だ。

厚生労働省では、豚を食肉にする基準を「豚の食肉の中心部の温度を63度で30分間以上加熱する」ことと定めている。この基準に合わせて肉の中心部分の温度が63度になるまで加熱する。

水が温まる前の鍋に肉を入れてしまうと食中毒の原因になる。30~40度で菌が繁殖するので、その温度帯をゆっくり通ると菌が異常に増えてしまう。68度になったからと引き上げたら、肉の中まで温度が十分に上がっておらず、お腹が痛くなる。

約2時間の加熱で中心部までしっかり熱が入る。お湯から出し、表面を焼けば完成である。断面はキレイなピンク色、でもしっかり熱は通ったチャーシューの出来上がりだ。

低温調理は肉の味を最大に引き出す調理方法として広まった。ところがである。肉そのものを質的においしくする技術があるのだ。なんと肉に電気を流すという。

◎電気で肉がおいしくなる？◎

電気を流すと肉がおいしくなる！　その奇妙な話はマンガ『決してマネしないでください。』（蛇蔵／講談社・既刊全3巻）を読んで知った。

『決してマネしないでください。』は大学の研究室が舞台のコメディだ。理系で気の小さい主人公が学食のおねえさんに片思いをし、2人の恋愛をうまくいかせようと周りが危険でバカげた実験で応援する。

その実験がひどくて、ハードディスクを完全に破壊するとかスタントマンのように火だるまになるとか、タイトル通り、決してマネしてはいけないような実験がいくつも紹介されている。その中に、食べ物を科学の力で簡単においしくするというエピソードがあった。ワインをメガネ洗浄機に突っ込んで熟成させたり、牛脂を赤身肉に注射して霜降りに変えたり、食べ物で遊ぶなと言いたい。そしてそのひとつが鶏胸肉の通電なのだ。

やり方は簡単だ。胸肉に釘を刺して電極にし、スライダック（電圧調整用のダイヤル式装置）をつないで家庭用100Vを流す。それだけで、スーパーの安い胸肉が地鶏のような高級肉の味に変わるのだという。

電気？　肉に釘？

死んだ肉に電気を流すと言えば、フランケンシュタインだろう。死人をつぎはぎした人造人間は、雷の一撃を受けて蘇る。電気を流したらスーパーの胸肉が動いた！　というなら面白いのだが。

出典は『図解アリエナイ理科ノ教科書』（三才ムック）という隠れたベストセラーだった。著者である作家集団・薬理凶室はバリバリの理系エンジニアである。単なる都市伝説の類いとは思えない。

◎全員集合、何ごとも実験である◎

小さなコタツ机、その上に無造作に置かれたまな板と鶏の胸肉。肉にはホームセンターで買った釘が雑に突き刺さっている。

理科室にあるような懐かしいワニ口クリップが釘を挟み、その先はスライダックという、変圧用の装置につながっている。ひどくものものしく、怪しい。通電した鶏胸肉が本当においしくなるのかどうか、実際に電気を流し、みんなで食べようというのだ。

私が主催した理系クリエイターの集まりで『決してマネしないでください。』の作者、蛇蔵さんに挨拶された。ふと好奇心で聞いてみた。

肉に電気を通すってネタですが、試されたんですか？

蛇蔵さんが苦笑した。

「いえ、うちにスライダックはありませんし」

（普通はないよな）

ところが私は持っている。私は都市伝説を実験で検証することをライフワークにしているので、私の部屋には一般家庭に置いていないもの（アルミニウム粉末やトランスグルタミナーゼや丸底フラスコなど）が転がっているのだ。

やってみます？

「え？」

そういうわけで、友人のカメラマンがスタジオ代わりに使っているアパートに関係者一同、雁首揃えたわけなのだ。揃えたのはいいが……ケーブルにつながれた肉を前にするとまるで食べ物に見えない。これじゃ解剖台のカエルだ。ハッキリ言って、食べたくない。

◎電気で肉の味が変わった！◎

何はともあれ、試してみる。

スライダックを回すと電圧が上がる。100Vまで上げると数秒で鶏肉から湯気が上がり始めた。

蛇蔵さんが眉をひそめた。

「煙出てますよ？」

そりゃねえ、電気流しているわけだから。肉にも電気抵抗があるから、発熱するんですよ。電熱線と同じでジュール熱という……焦げ臭いな。

しかもよく見ると、肉が内側から光っている。電気を流したことで、肉の中で放電が起きているのだ……光る肉？　肉がUFOになりつつある。

（大丈夫か、これ。こんなのでおいしくなるのか？）

不安なまま、1分ほど通電し、電気を切って肉に触ってみた。冷たい。釘を刺した場所は周囲が少し焦げていたが、他は生のままだ。

電極を外し、白ワインと一緒に鍋へ。比較のために通電していない胸肉も並べて入れ、火にかける。ワイン蒸しだ。10分ほどで火が通る。

どう？　切ってみようか。大体こんな感じ……うん？

「見た目が違うよ？　見た目が違う！」

蛇蔵さんが肉の断面を指さした。たしかに違う。切った感じも全然違う。密な感じがする。

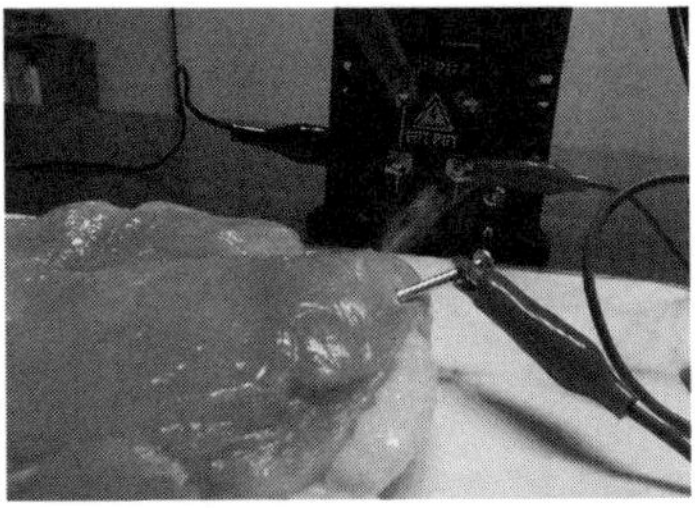

鶏胸肉に通電するとおいしくなるというので実験。機械と食肉は異様な取り合わせである

「味が違うといいなあ」

では食べてみてください。まずは電気を流していない方ですね。

「味が薄い。逆にこれは肉の味はわかりやすいかも」

適当に塩振ったからな。……こっちが電気流した方ね。どうでしょう？

「こっちの方がおいしい」

うそくさい。

「本当だって！　こっちの方が肉の味がする」

ホントかよ。こっちだろ……あれ？　味が……濃い？　同じ鍋で同じ味付けでやったのに味が違う？　なんで？

全員が食べてみて、味が濃い、全然違うと大騒ぎになった。

なんだ、これは？　どういうことだ？　もちろんプラセボ、暗示の可能性もなくはない。なくはないが、しかし大人が8人もいて全員がプラセボ？

◎思い込みか、本当に肉の味が変わったのか◎

「怪しいなあ　プラセボなんじゃないの〜？　ト〜ン〜デ〜モ〜？」

作家の皆神龍太郎氏がいじわるそうに言う。皆神氏はインチキ科学を笑いのめす団体『と学会』の重鎮であり、日本における懐疑主義者の筆頭だ。

たしかにプラセボ（＝偽薬）効果は凄まじい。ハゲ薬と偽り、ビタミン剤を飲ませたら

1割弱の人には髪が生えてきたそうだ。暗示にかかると、髪さえも生えてくる。まして肉の味なんて。

日曜日だけ、趣味でやっていた『科学実験酒場』（すでに閉店）というバーで客を相手に通電した肉の食べ比べをやってみた。

どうせやるならとウケを狙って肉に1万5000Vを通電した。それぐらいの高電圧をかけると、肉の周りから放電が起き、肉自体が青く発光する。

命名、電気肉。電気肉と元の肉を焼いて出し、客に食べ比べてもらう。

「こっちかな？　どっちかな？　さあ、投票だ！　こっちがおいしいと思う人！」

皆神氏はやたらにうれしそうだ。腹立たしい。8000Vほど流して、腹の肉をおいしくしてやろうか。

「こっちが6人？　そっちが3人？　で、どっちが電気肉？」

こっちが電気肉……ということはダブルスコアで電気肉！

「どうかなあ〜？」

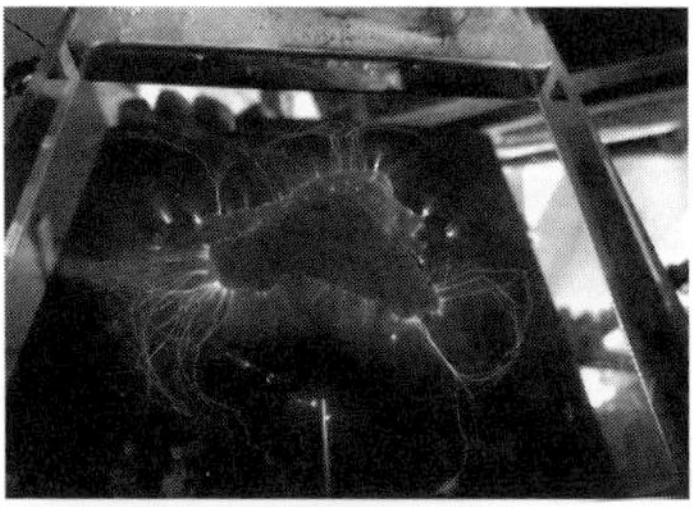
肉に高圧電流を流すと周囲から放電し、肉が光る！

ダメなのかよ！　皆神氏を納得させるにはどうすればいいのか？

弱気になりつつ、次の鶏肉に電気を通そうとしたら、
イテテテテッ！

油断した。感電した。

カウンターの上に厚さ1センチのゴム板を置いて、その上で通電していたが、それでも高電圧はゴム板を突破するのだ。

指先がものすごく痛い。

（……決してマネしないでください）

誰もマネしないだろうが。

◎味覚センサー『レオ』に判定をお願いする◎

人間の舌はアテにならない。食べ物の味を客観的に測るには、人間はいい加減すぎるのだ。だが機械なら？　機械を使って甘味、酸味、苦味、塩味、うま味の5つの味覚を数値

化できれば、その結果は精度が非常に高いだろう。

そんな便利な機械があるのか？　あるのだ。それが慶應義塾大学理工学部で開発された味覚センサー『レオ』である。

レオの見た目はプリンターそっくりだが、人間の味覚を見事に数値化する。

いちご味だろうがブルーハワイ味だろうが、かき氷のシロップは色が違うだけで全部同じ味だ！　と見破り、ゆで卵の黄身にハチミツをかけたら栗の味になると言い切り、味にうるさいこと、海原雄山のごとし。

レオを開発した鈴木隆一氏（ＡＩＳＳＹ株式会社代表取締役社長）に話を聞く。

「私たちは味覚を感じますが、その仕組みは大きく分けて2つあります。1つは塩味や酸味のように、ナトリウムや水素など味を構成する分子がイオン化（液体の中で電気を帯びている状態）したものを舌で受け取るものですね。レオの電極の表面にイオンが付くことで、電極の電位差が生じるのでそれを測ります」

一方、糖やアミノ酸、核酸といった甘味やうま味は分子が大きく、イオン化しない。そのため、電位差での測定は使えない。

「レオでは酵素を使っています。たとえば砂糖の主成分のスクロースを計る時は、スクロースを分解する酵素を用意します。分解過程は酸化還元反応なので電子がやり取りされます。電子量が増えれば、それだけ電流が流れます。電流を測定すれば、含まれている成分の量がわかります」

成分分析ができたとしても、それが人間の味覚と同じかといえば、そうではない。たとえばブラックコーヒーに砂糖を入れていくと甘さが増し、苦みは減っていく。成分の濃度は変わっていないのに、そういうことが起きる。だから成分が分析できても、味覚は単純には数値化できない。

「そこでニューラルネットワーク解析、人間のニューロンを再現したソフトウェアを使います。要は人工知能ですよね。電極がこういう値を示したらこういう味だと学習しているんです」

これがレオの肝の部分で、特許も取られている。ＡＩＳＳＹ株式会社はレオを使った食品の受託分析を行う会社なのだ。

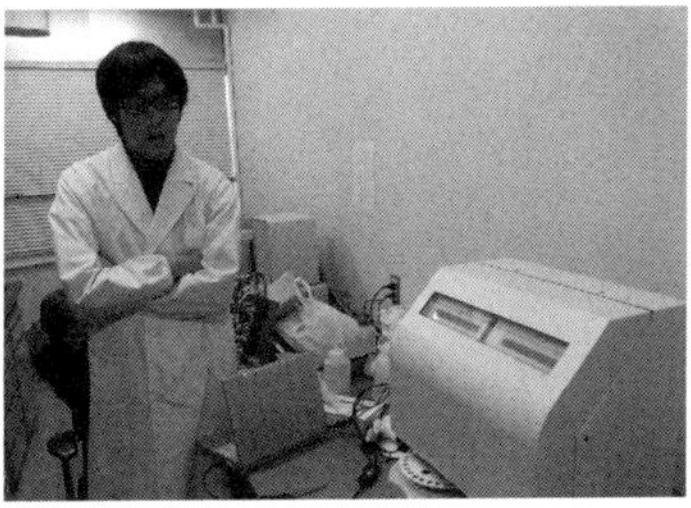

AISSY株式会社の鈴木隆一氏と味覚センサー『レオ』

◎さっそく実験開始、マグロの味は？◎

鶏肉に電気を通し、分析してもらうことにする。

機材をセッティングしていると鈴木氏が興味深そうに覗き込む。

ではレオくんに電気肉を分析……あ、食べてみたいですか？　鶏肉以外に、一応、マグロもあるんですけどね。マグロなら刺身でいけますし。切るものありますか？

鈴木氏が研究室の中を見回した。

「包丁？　ないなあ。ハサミなら」

ハサミ？

ジョキジョキとハサミでマグロを切る。研究室でそういうことをやると、とても食べ物を扱っている感じはない。

半分に切ったマグロの冊に電気を流す。いわば電気魚肉である。

「わあ、すごい！」

鈴木氏の助手の女性が喜んで手を叩いた。

でしょう？　光る刺身ですよ。ちなみにタコを光らせるとキレイですよ、吸盤が内側からバチバチ光って……。

通電したマグロと元のマグロを食べ比べる。鈴木氏はパクッと躊躇なく刺身を口に入れ、すぐに叫んだ。

「ああ、違いますね！　これ、わかりやすいなあ！　こんなに味が違いますか！　全然違いますよ、めっちゃうまいじゃないですか！」

味の専門家もひと口でわかる、この違い。

さっそくレオに分析させる。肉片を試験管に入れ、酵素の溶液をかける。分析は10分ほどだ。果たして結果は？

◎味のわかる機械も認めた電気肉のうまさ◎

パソコンのデータ解析を待って、鈴木氏が言った。

「……差が出ました！　うま味で0・36の差が出ています。0・2が重要な壁なんですよ。

マグロの味の変化

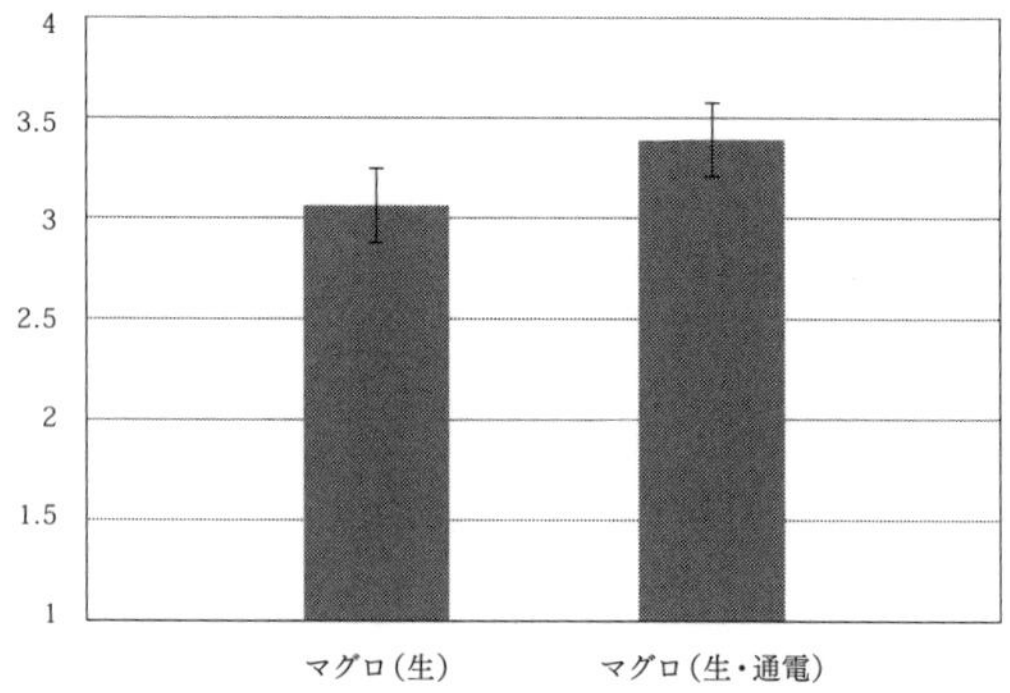

※うま味が大幅にアップ。他はほぼ変わらなかった。なお、有意差＝0・20ポイント以上（95%の人が違いがわかる水準）・傾向＝0・10ポイント以上（60%の人が違いがわかる水準）である

0・03や0・04ぐらいは同じサンプルでも場所でそれぐらいの差は出ますし、0・1でも有意差があるとはいえない。やはり0・2以上の違いがないと味が違うとは言えない。そういう意味では、0・36の差は、明らかに味が違いますね」

マグロはうま味成分が3・06から3・42に、鶏胸肉は3・1から3・31に上昇した。

電気によって、明らかに肉の味がおいしくなったのだ。恐るべき電気の力！

◎生き物と電気と乾電池◎

生物と電気の関係は古く、18世紀ごろから知られていた。

1789年、イタリアの解剖学者ルイージ・ガルヴァーニは、起電機とカエルを使って筋肉の収縮を実験していた。その最中、鉄の柵にひっかけておいたカエルの足に黄銅と鉄でできたメスで触ったところ、電気を流してもいないのにカエルの足が動いた。

当時、生物の中には電気が溜まっているという考え方が主流だった。筋肉に電気を流すと収縮するということは、電気こそが体を動かすエネルギーであろう。私たちの体は何らかの方法で電気を生み出し、それにより体を動かしている。だからメスと鉄柵が電極となり、カエルの足に溜まっていた電気が流れたのだとガルヴァーニは考えた。

しかしこれは話が逆だった。カエルの足の中に電気があったのではなく、ポイントは金属だ。カエルの足の電解液と2種類の違う金属との間で電池が形成され、それによってカエルの足が動いたのだ。

ガルヴァーニの実験を再試験していたボルタはこのことに気がつき、1800年、世界初の電池を発明する。

◎フランケンシュタインから電気肉へ◎

さらにこの蓄電池を使って、今度はガルヴァーニの甥であるアルディーニ・ガルヴァーニが動物電気の公開実験を開始する。

アルディーニは根っからの山師だったらしい。広場に医療関係者を集め、動物や人間の死体にボルタの電池から電気を流して見せた。電気を流された死体は踊り、顔に突き刺さった電極に電流を流すと、まばたきし、にやりと笑ったという。あまりの恐怖に観客のご婦人方は失神、その噂に尾ひれがついてアルディーニのショーはさらに有名になり、ヨーロッパ各地を巡業する。

こうした興行の噂を聞いた作家メアリー・シェリーが、1818年に発表したのが『フランケンシュタイン』なのだ。フランケンシュタインは電気うなぎの放電によって生命を得るが、その元ネタは当時の電池治療とアルディーニの死体を笑わせる興行なのである。こうして生命と電気の関係はカエルからフランケンシュタインを生み、さらに電気肉へとたどり着くのだ。

◎誰が電気肉を作ったのか？◎

電気肉には元ネタがあった。『決してマネしないでください。』で、電気を流すのが豚でも牛でもなくなぜ鶏肉だったのかといえば、『Eチキン製造システム』という鶏肉に通電する装置があったからだ。

産業用冷凍・冷蔵機や食肉関連の自動化システムを開発販売している前川製作所が開発した『Eチキン製造システム』は、鶏肉に電気を流し、肉の骨離れを良くするという装置だ。その開発に携わったのが、麻布大学獣医学部・食品科学研究室の坂田亮一教授（現在は退官され、同大学名誉教授）である。

坂田先生の研究室を訪ねた。

「あなたの言ってるのは、これですよね？」

渡された資料には『鶏胸肉の美味しさ向上のための通電装置の開発』と書かれていた。

「前川製作所さんに頼まれて、Eチキン製造システムの試作機を作ったのが2000年の4月期かな。研究発表したことがあってね。最初はかなり原始的ですよね。この時、論文を書いてドイツの雑誌に載せたりね。それで2007年に製品化したのかな」

肉に電気を通すというのは、食肉業界ではよく知られている処理方法なのか？

「元々、羊に使っていた技術なんですよ。イギリスに羊肉が輸入されるわけですよ、オーストラリアやニュージーランドから。イギリスの植民地でしたから。屠畜してすぐに冷やしてイギリスに送ると、着いた時はカチカチになっているわけですよ。この肉を解凍しても、肉が軟らかくならない。これをコールドショートニングと言います。そこで考えられたのが電気刺激法なんですね」

1970年代、イギリスではニュージーランドから輸入される羊肉のコールドショートニング（寒冷短縮）が問題となっていた。冷凍により、肉が異常に収縮し、まずくなるのだ。

屠畜した肉をすぐに冷凍すると、筋肉中にATPが大量に残っている。ATPは筋肉の燃料で、筋肉を収縮させる。摂氏5度以下では酵素が働かず、ATPがほとんど分解されない。ATPが残っているので、筋肉は収縮したままになる。これが死後硬直だ。

冷凍羊肉は死後硬直を起こした状態で出荷されるのだ。解凍しても、肉の死後硬直は解けておらず、固いままだ。固い肉はおいしくない。つまり売れない。

では解凍した肉の死後硬直が解けるのを待って、それから売ればいいのではないか？　それがそうもいかない。肉を解凍するとドリップが出るのはご存じだろう。肉から染み出す赤い汁だ。冷凍によって筋肉内に氷の塊ができ、繊維を破壊してしまう。肉汁がダダ漏れで、寝かしておけばうま味が抜けて肉のカスしか残らない。

そこで電気刺激法である。解凍直後の羊肉に通電、ドリップが流れ出す前に死後硬直を強制解除するのだ。

１９７５年にニュージーランド食肉産業研究所が発表した論文『電気刺激と子羊肉の軟性（Electrical stimulation and lamb tenderness)』によると、屠殺後すぐに凍結した子羊の肉に高電圧（３６００Ｖ）の刺激を与えることで、軟化に必要な16時間から24時間をカットできるとしている。

現在、電気刺激法は牛肉や豚肉でも有効なことがわかり、解凍肉の質の向上や屠殺後の肉の熟成期間の大幅短縮のために使われている。

コールドショートニングを防止する技術、それが電気刺激法なのだ。坂田先生はそれを鶏肉に応用した。

◎電気で肉がおいしくなるメカニズム◎

問題は死後硬直だ。国産の鶏肉は屠畜から出荷までの時間が非常に短く、熟成の時間がない。屠殺してすぐに内臓を抜くなどの処理をされ、冷凍される。そして冷凍のままスーパーなどに搬入され、解凍後も冷蔵状態で店頭に並ぶ。

買った人はそのまま冷蔵庫に鶏肉を入れるので、結局、鶏肉はずっと死後硬直のままで食卓に並ぶのだ。私たちはちゃんと熟成した鶏肉の味を知らないのだ。

もし屠殺から出荷までの短い時間で死後硬直を解除し、熟成を進ませる方法があれば、鶏の胸肉はおいしさ倍増で人気急上昇ではないか？

「鶏肉の場合、およそ48時間で死後硬直が解除されて肉が軟らかくなるというサイクルです」

通電刺激はこのサイクルにかかる時間を短縮する。通電により強制的に死後硬直を解除すれば肉は骨から容易に外れ、解体時間は短縮される。

「だから早く市場に送り出せる」

死後、筋肉にはＡＴＰが残っている。ＡＴＰがすべて消費されると筋肉の収縮は終わり、消費されたＡＴＰはイノシン酸に変わる。

イノシン酸はアミノ酸の一種で、鰹節などに含まれる強いうま味だ。タンパク質が分解するとアミノ酸に変わり、これもグルタミン酸などのうま味成分である。

死後硬直が解除されるということは、ＡＴＰがうま味成分に変化したということであり、さらに筋肉の硬直も解けて、おいしく軟らかくなるということだ。

坂田先生は肉質の変化についても論文を発表、それによると通電の前と後では、肉の固さはおよそ半分になり、保水性は数倍に向上した。鶏肉は通電により軟らかくジューシーに変化するのだ。

◎開発者も納得の味の変化◎

坂田先生は通電した肉の味の変化は確認していなかった。あくまで『Ｅチキン製造システム』は鶏肉の解体を短時間で行うための装置だったからだ。

せっかくなので先生にも電気肉を召し上がっていただくことにした。同じパックの胸肉の片方を通電、片方は何もせず、両方をワイン蒸し。その上で食べ比べてもらった。

「こっちが普通の肉だね。まあこういうものだな、うん」

味がわかりやすいように、味付けは塩コショウだけだ。続けて電気を流した方を食べていただく。

口に入れた瞬間、んん？　と坂田先生の顔つきが変わった。

「軟らかい」

坂田先生が目を見開いた。

「うーん、おいしくなってる」

電気肉はプラセボでも超自然現象でも何でもなく、本当にある。肉に電気を通す、たったそれだけで不思議な味の変化が起きるのだ。

「うちでも再実験してみないといかんな、これは」

その後、長野県立大学の小木曽加奈准教授が電気肉による肉質の変化を鹿肉などに応用する研究を進めている。

野生の肉は比較的固いものが多く、熟成が欠かせないが、腐敗させずに熟成させるには技術が必要だ。通電でそれができれば、特別な冷蔵装置がなくても熟成した肉を出荷できるわけだ（なお研究成果は『通電処理によるシカ肉の嗜好性』としてまとめられ、坂田先生と私の名前もクレジットされている）。

また通電することで肉を殺菌できるらしいこともわかっている。

電気を使って刺身などの殺菌も可能かもしれない。鳥刺しのように菌が肉の内部で繁殖するために除菌が難しい生肉も、肉を加熱しない通電殺菌が可能になるかもしれない。殺菌さえできれば、レバ刺しだって食べられる。電気レバ刺しだ。

では熟成肉ばやりの昨今、低温調理チャーシューに続き、電気チャーシューが登場するのだろうか？　豚肉、通電で味が変わるかと言えば変わる。ロース肉に通電してから焼くと、明らかに味が変わった。食品学の先生や食専門ライターが食べ、味が違うと大騒ぎになった。

「電気チャーシューあります」の未来はあり得るのだ。

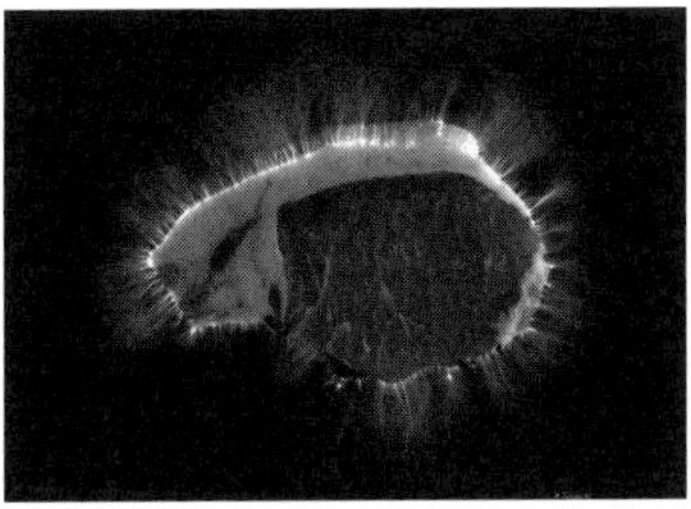

日本ではまだほとんど知られていない肉の通電処理。電気肉がメジャーになる日は来るのか？（撮影・谷口雅彦）

コラム 4

雨の日にラーメンがおいしい科学的理由

◎雨の日のラーメンはおいしい◎

以前、テレビ局から雨の日にラーメンがおいしくなる理由について聞かれたことがある。資料として、有名ラーメン店の店主が雨の日の方がラーメンはおいしくなると雑誌に答えた記事が送られてきた。

雨の日にラーメンがおいしくなる？

雨で客足が減ってスープを煮る時間が長くなる？　そういうわけではないらしい。本当に味が変わるのだそうだ。

客足が無関係なら、天気だろう。すぐに思いついたのは気圧だった。普通、水は

100度で沸騰するが、富士山では90度前後で沸騰する。なぜかといえば気圧が低いからだ。雨の日は低気圧だから、晴れの日よりも沸騰する温度が低い。沸騰する温度が低いということは、同じ火力なら沸騰するまでの時間が短いということだ。それとラーメンの味がどう関係するのか。

『ラーメン技術教本』（柴田書店）をひっくり返し、各名店のスープづくりの秘訣を調べると、どの店も90度前後で長時間スープを煮ている。沸騰させず、スープが沸き始めるところで温度調節をしている。秋葉原の名店『饗 くろ㐂』は鶏ダシのスープを90度でキープしながら4時間炊く。90度を超えると「鶏の風味が飛んでしまう」（同書）からだ。合わせるかつおだしベースの魚介スープも「湯温を90℃以下に保ち、ゆっくり加熱することで、えぐみを抑えて、濁りのないスープに仕上げる」（同書）。目黒の『麺や維新』のスープの取り方は「着火から約2時間後でスープの温度は90度」（同書）、『つけめんTETSU』は動物系スープは煮立てるが、魚介スープは「食材から苦みが出ないように、90℃をキープ」（同書）して煮出す。

豚骨ラーメンや横浜家系ラーメンのような濃厚で白濁したスープは、豚骨なり鶏ガラなりを煮立てて、骨に含まれるゼラチン質を溶かし切るが、しょう油ラーメンや塩ラーメンのような澄んだスープ（清湯という）は、スープを沸騰させないことがおいしさのコツなのだ。

スープを90度でキープする場合、気圧が高くスープが100度で沸騰する場合には沸騰するまでに90度～100度の幅があり、温度調整が微妙になる。しかし低気圧で仮に90度で沸騰する場合なら、放っておいても90度を超えない。スープが濁るので沸騰させないように火の調整は必要だが、風味が飛ばない90度以下を安定してキープできる。

さらに沸点が下がることで、同じ温度で気化する＝蒸発する水分量は増える（減圧室に入れて木材を早く乾燥させるなど減圧＝低圧力と気化の関係は産業に使われている）。スープを同じ時間だけ煮立たせるなら、水分が減る＝より濃いスープがとれる。

また沸点が下がることで、食材の化学反応速度は遅くなる（温度と化学反応速度の関係はアレニウスの法則として知られる）。圧力鍋で調理時間が短縮されるのとは逆に、低気圧で調理時間が長くなるわけだ。これはスープづくりにはプラスに働く。ラーメン屋が圧力鍋を使わないのは、骨からうま味成分だけを抽出したいから。圧力鍋を使うと骨自体を軟らかくしてしまい、骨や骨髄からうま味以外の雑味、いわゆる灰汁が出てしまう。圧力鍋と普通の鍋ほどの差はないにせよ、気圧差は灰汁の量＝雑味を左右する。気圧が低ければ、灰汁が少ないからよりおいしい澄んだスープが取れる。

これは豚骨スープなど濁ったこってりスープには当てはまらず、そうした店では業務用の圧力鍋を使うところも少なくない。

◎低気圧で鈍る舌をラーメンが目覚めさせる◎

天気はスープの出来不出来だけではなく、食べる側の味覚にも影響する。

機内食がおいしくないというのはよく聞く。多くは調理済みの料理を保温して出すのだから、作りたてに比べておいしくないのは当たり前だと思うが、そうではない。味覚の変化により、地上で食べるよりも機内で食べた方がおいしくないらしいのだ。

2010年、ドイツの航空会社ルフトハンザの依頼でフラウンホーファー建築物理研究所が行った調査研究によると、空気が乾燥し、気圧が低い部屋（飛行機の機内は0・8気圧前後）では甘味と塩味の感受性が30％も低下するのだそうだ。つまり人は晴れた日よりも雨の日の方がより塩味が強く甘味の強い味をおいしいと感じる。

味覚には対比効果があり、違う味同士の掛け合わせで、味が強められることがある。スイカに塩をかけると甘味を強く感じるし、甘いものを食べた後で果物を食べるとすごく酸っぱく感じる。

対比効果は甘味×塩味、甘味×酸味などがあるが、注目はうま味×塩味だ。うま味が強いと塩味も強く感じる。そのため、減塩料理ではうま味を強くすることで塩味を抑えている。

季節によっても味覚は変化する。冬のラーメンがおいしいのは、温いからだけではないのだ。『女子大生の季節における味覚感度の変動』（仙台白百合女子大学）によると同大の1年生（18～19歳）81人を対象に夏と冬の味覚感度を比較したところ、五味の識別検査の正答率は夏が69・1％に対して、冬季は30・9％とダブルスコアの差がついた。温度が下がると人間は味覚が鈍くなり、結果として濃い味を欲するようになるらしい（基礎代謝が上昇することで高カロリーの食べ物を体が必要とするため、冬季の乾燥で口腔が乾燥するためなど理由は諸説あり）。

気温低下と低気圧で味覚が鈍くなれば、機内食のように料理はおいしくない、物足りない味になる。ところがラーメンのようにうま味が豊富な食べ物であれば、塩味は鈍くならない。対比効果により塩味が強く感じられるからだ。さらにこってり濃厚なラーメンの味は鈍った味覚を満足させるだろう。

そういうわけで雨の日は、ダシをしっかりとった清湯のラーメンがおいしくなるし、豚骨ギトギトの濃厚ラーメンは鈍った味覚をキックしておいしさを復活させる。

だから雨の日のランチには、ラーメンがお勧めなのだ。

ちなみに高温多湿な時期には、担々麺のような辛いラーメンがお勧めだ。中国の内陸部で高温多湿の四川省では辛い物が好まれる。湿度が高いと汗が蒸散しにくく、新陳代謝がスムーズに行われない。そこで唐辛子の発汗作用により、強制的に汗を出し、新陳代謝を高めて体の中をすっきりさせるのだ。

コラム
5

疲労回復ラーメンをつくる

◎渡り鳥が不眠不休で飛来できる理由◎

私は疲れている。深く深く疲れている。

ナメていた。中年になると無理が利かないとか徹夜できないとか疲れが抜けないとか、聞いてはいたが意味がわかっていなかった。

朝起きて、ボーッとスマホを眺めていたら、夕方になっていた。6時間以上、ほぼ何もせず、フリーズ。眠いならまだわかるが、起きているのに体も頭もまったく機能しない。恐ろしい。

疲れは病院に行って治るのか？　疲れは「状態」であって、病気でも怪我でもない。疲れという物質があるわけじゃないのだ。だからビタミン剤で誤魔化すのが関の山だ……と思ったら、イミダゾールジペプチド、略してイミダペプチドという物質があるという。

人間は疲れる。じゃあ疲れない生き物はいるのか？ 何日も寝ないで、ずっとハードに動き続けることができる生き物がいれば、彼らはきっと疲れに対抗する何かを持っているはずだ。

そんな生き物がいた。

鳥だ。

渡り鳥は不眠不休で数千キロを飛来する（飛行中に脳を半分ずつ眠らせているという説もある）。彼らの持続力の秘密がイミダペプチド。骨格筋に含まれるイミダゾール基を持つアミノ酸結合体の総称で、カルノシンやアンセリンなどがある。

◎疲労回復の切り札、イミダペプチド◎

疲労とは？ 活性酸素によって細胞内のエネルギー産出プロセスが阻害され、細胞の機能が低下、パフォーマンスが下がる状態のことだ。だから活性酸素と結びつき、活性酸素を無効化する物質＝抗酸化物質をとれば、疲労しにくくなるはずだ。

イミダペプチドは強い抗酸化力を持つ。大阪市立大学医学部の疲労医学講座では、長年イミダペプチドの研究を行い、いくつもの論文を発表している（「イミダペプチド（CBEX-Dr）配合飲料の健常者における抗疲労効果」（Jpn Pharmacol Ther［薬理と治療］Vol.36 No.3 2008）や「イミダゾールジペプチド配合飲料の日常的な作業のなかで疲労を自覚している健常者に対する継続摂取による有用性」（Jpn Pharmacol Ther［薬理と治療］Vol.37 No.3 2009）など）。

同大学の実験では、イミダペプチドを経口摂取すると、持久力の向上が見られ（瞬発力には差が出なかった）、被験者は疲労回復を実感、疲労時に血液中で上昇する各種化学物質も減少した。

イミダペプチドの摂取で疲労から回復できるのだ。

◎胸肉の中にたっぷりの抗疲労物質◎

イミダペプチドはサプリメントでも販売されているが、価格が高い。安く手に入れる方法は？　鶏の胸肉を使えばいい。イミダペプチドは渡り鳥だけの特別なものではない。鳥や魚の骨格筋に多く見られ、手ごろなところでは鶏の胸肉に多く含まれている。

そういうわけで、美味&疲労回復&コスパ最高の「鶏胸肉のスープ」を紹介する。

鶏の胸肉は安い。100グラム50～150円といったところか。火を通し過ぎると固くなる。おいしく食べるには、火をゆっくり通せばいい。そこで余熱で火を通し、胸肉をゆでることにしよう。

鍋にお湯を沸騰させる。イミダペプチドは水溶性だ。だからスープが大事。スープの中に胸肉のイミダペプチドが溶け出すのだ。

そこへ胸肉（1～2枚）を投入する。

肉を入れるとお湯の温度が一気に下がるので、再び沸騰するのを待つ。

湯が少し沸騰し始めたら火を止め、フタをして余熱で胸肉に火を通す。大体1時間ぐらいだ。

胸肉を取り出し、もう一度沸騰させる。

アクが浮いてくるので丁寧にすくう。アクをとらないと見た目も汚いし、おいしくない。これで完成。好みでゴマやネギを散らす。しょう油を入れてもいい。とにかく大事なのはスープだ。

余った胸肉は何にでも使えるが、私はネギ和えにしている。たっぷりの博多ネギを小口に切り、胸肉もひと口大に切っておく。ネギにごま油と塩を加え、完成！

酒の肴に大変に良い。ひと晩寝かせるとネギの甘味が出てさらにおいしい。

スープを飲んで復活！

イミダペプチドのことを知り、最初はゆで汁を捨てて、ゆでた胸肉だけを食べていた。しかし、まったく元気にならない。ガセじゃないかと思っていたが、ある日、ふと思いついてゆで汁を飲んだら、これが！効く！

イミダペプチドは水溶性だから、スープが重要なのだ。

飲んで1時間後、背中を押されるように活動的になり、部屋の掃除をするする！ゴミ集積場のようだった机周りがキレイに片付いてしまった。冗談のように効いた。

疲れた時には、胸肉のスープである。空腹時に飲むと効果はてきめん。安くて簡単、それでいて効果は栄養ドリンクなんて目じゃない。

そしてこのスープでラーメンを作る。

インスタントラーメンのお湯の代わりにこの鶏胸肉スープを使うのだ。ちょっとやってみなさいよ。あれ？　何？　と思うから。翌日の目覚めの良さに、何ごと？　と慌てるから。そして、あ、そうだ、ラーメンだ、食べたんだと感動する。

ホントです。面白いぐらい元気が出る。

疲れたらラーメンインザ鶏の胸肉スープで決まりだ。

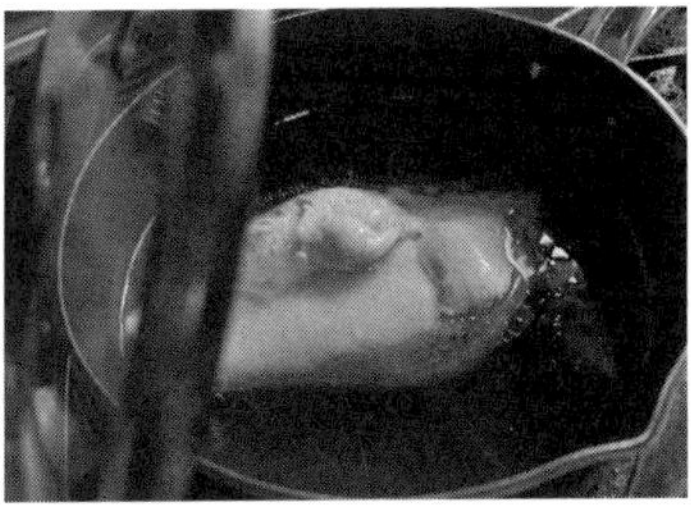

鶏胸肉を軟らかく仕上げるには、余熱で火を通すのがコツ

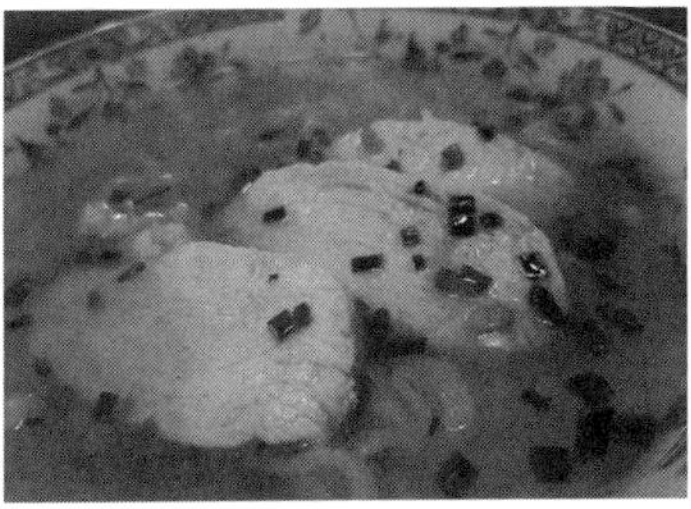

鶏胸肉スープでラーメンを作れば、味もワンランクアップ！　鶏胸肉のネギ和えを載せれば完璧、疲労回復ラーメンの出来上がりだ

4

舌を操るテクノロジー
科学が生み出す、まぼろしラーメン

究極のラーメンはどこにあるのか？　それは究極の味とは何か、味はどこで生まれるのか、という問いである。そして味は脳の中で生み出されているらしい。

◎電気で味覚を変える？◎

舌を電気で刺激すると味がする。

これを電気味覚と呼ぶ。

電気味覚の研究は始まってまだ日が浅いが、発見されたのは1754年と古い。スイス人の美学者（科学者ではなく美とは何かを研究する）ヨハン・ゲオルク・ズルツァーが亜鉛板と銅板を同時になめたところ、舌がびりびりと刺激され、奇妙な味がすることに気がついた。カエルならぬ舌に電池ができて、電気が流れたのだ。

残念ながらズルツァーはボルタほど理系頭ではなかったので、電池が発見されることはなく、その話は味についての考察で終わった。その論文『快・不快の味覚説』が電気味覚について書かれた初めてのテキストとなる。

電気味覚はこれまで医療分野で使われてきた。ピンポイントで舌を電気刺激し、味を感じるかどうかをチェックするのだ。それにより味覚異常や口腔内の病状を調べることができる。

そして21世紀、電気味覚を応用すれば、食べ物の味をコントロールできるのではないか？と考えられ、研究が始まっている。

日本でも研究されており、その第一人者が東京大学大学院情報学環特任准教授の中村裕美さんと同大学特任講師の青山一真さんだ。

味とは何なのか？

中村さんが明治大学の学生時代に作った電気味覚フォークは、食べ物の味を電気で変えるガジェットだ。電気味覚フォークで食事をすると、電気の強弱で食べ物の味が濃くなったり薄くなったりするという。

中村さんと青山さんのお二人から、味について話を聞く。

そもそも味とは何なのか？　光は網膜の視覚細胞を刺激し、音は鼓膜の振動だ。味は舌の上の味覚細胞で何がどうなるの

中村さんが制作した電気フォーク。食べ物の味を電気で変える未来のガジェットだ

か？

青山さんがシンプルに説明してくれた。

「食べ物の化学物質が唾液に溶けると、唾液に溶けた味を呈する物質が、味細胞の受容器に結合します。そして味の情報が脳に送られます。味細胞はそれぞれ甘味や酸味の受容体を持っています。ただし、うま味の受容体には何がくっつくのかよくわかっていない。グルタミン酸ナトリウムをなめれば、うま味がしますね」

味の素というぐらいである。うま味の元はグルタミン酸だ。

「ところがグルタミン酸、つまりナトリウムの代わりにHがついている物質は酸味がします」

酸とついているだけあって、グルタミン酸は元々は酸っぱいわけだ。

「ではグルタミン酸と塩＝塩化ナトリウムを一緒に口の中に入れるとどうなるか？　グルタミン酸ナトリウムを口に入れた時はうま味がします。しかしグルタミン酸とナトリウムを口に入れれば、成分は同じなのでうま味を感じそうなものですが、そうはなりません」

酸っぱいか、もしくは酸っぱくて塩辛い味になるのだそうだ。うま味にならない。

ちなみに酸っぱい味はイオン化した水素の味。ナトリウムと水素がバラバラに味細胞にとりつき、うま味にならない。味は単純な足し算ではないのだ。

「口の中のｐＨも味に影響します。体調によってｐＨは変わるので、体調でも味は変わりますね」

ｐＨは酸性度・アルカリ度を表す。０から14まであり、０に近いと酸性度が高く酸っぱくなり、14に近いとアルカリ度が高く苦い。食べ物は中性から酸性がほとんど。酸っぱい食べ物代表のレモンはｐＨ２、肉や魚、根菜類はｐＨ５～６、アルカリ性食品の代表のワカメや昆布がｐＨ10、中性はｐＨ７だ。

疲れたら酸っぱいものをおいしく感じるのは、ｐＨの変化が関係しているらしい。疲れると酸っぱさを感じにくくなるのだ。

酸っぱい食べ物にはクエン酸が含まれている。熱がうまく作れなくなると疲れを感じるが、クエン酸は細胞が熱を発生させるのに必要だ。そのため、体は熱を作るためにクエン酸をとろうとする。本来、酸っぱい

東京大学大学院情報学環特任准教授の中村裕美さん

東京大学先端科学技術研究センター特任講師の青山一真さん

ものは食べにくいが、疲労により酸っぱさを感じにくくなっているのでおいしく感じる。

◎舌はだまされやすい◎

味は色や香りによっても変わる。

かき氷の話は有名なので、ご存知の方も多いだろう。祭りの屋台ではいろいろなシロップが用意され、イチゴがいい、メロンがいい、と子どもたちは大喜びだが、あのシロップは全部同じ味だ。メロンもブルーハワイもイチゴもレモンも全部同じ味。色と香料が違うだけだ。だから味覚センサーを使うと、まったく同じ数字が出る。しかし脳は錯覚する。

「香料と色が違うので、味が変わって感じるんです」

と青山さん。

理屈ではわかっても、イチゴのかき氷はイチゴの味がするし、メロンはメロンっぽい味がする。不思議だ。

「最近、透明なミルクティーがありますよね？　味はミルクティーですが、色がついていない。あれに食紅を入れて、紅茶の色にするとストレートティーやレモンティーの味になるんだそうです」

舌はだまされやすい。見た目に味はだまされる。では香りは？

たとえば、まったく砂糖を使わない甘味ゼロのケーキに、バニラエッセンスの香りをつけたら、甘いケーキと間違えるだろうか？

「多少はあると思いますが、味覚が基本五味で収まっているのに対して、嗅覚は何千種類も受容体があるんですよ。だから味覚の表現は甘いとか辛いとかありますが、嗅覚はないんですね。代わりに桃のような香りとか甘いにおいとか、味覚や物の名前を借りて表現しているんです」

たしかに言われてみれば、においを表す言葉はあるようでない。○○のにおいとは言うが、甘いや辛いのように、このにおいは□□という言葉はない。

◎目と鼻で舌をだます装置◎

食べ物の味は味だけではない。同じ味でも歯ごたえが違えば別の味に感じる。熱いスープと冷えたスープでは、同じ料理なのに別の料理のように味が違う。

だから正確には舌から入力される五味とは別に、それ以外の要素、歯ごたえや軟らかさ、香り、温度などの風味がある。舌からの情報と風味が合わさって味になる。味は複数の感覚情報の統合なのだ。

こうした複数の感覚情報を統合して処理することをマルチモーダルという。

味覚が他の感覚の影響を受けやすいのはなぜなのだろう？

生存のためでしょう、と中村さん。

「食べ物が腐っていたり毒だったら、死んでしまいます。それを避けるために、全部の情報を使って安全かどうかを判断しているんじゃないでしょうか」

その理屈でいくと、青い食べ物ってありますよね？

日本人には完全に腐敗色で、食べちゃダメだ！　なんですが、外国の人はケーキでも何でも青くする。あれはなぜ？

「青くてもおいしいものを食べてきているからでしょうね」

音はどうだろう？

中村さんによると、咀嚼音と味の関係の研究がされているのだそうだ。

「ポテトチップスを食べる時に、しけった音を聞かせるとしけっているように感じるのだそうです。音で食感をハックする。咀嚼音を変えることで、グミがやたら固く感じたり、おせんべいがふにゃふにゃに感じられるんです」

マルチモーダルを使ったデバイスも研究されている。

東京大学の鳴海拓志准教授が作った『メタクッキー』はバーチャルリアリティ技術を使い、クッキーの味を変えてしまうデバイスだ。非常に凝ったシステムでカメラ付きのヘッドマウントディスプレイに香りを出すチューブがつながれている。プレーンな味のクッキーにマーカーを刻印し、クッキーの上に別のクッキーの映像をかぶせる仕組みだ。同時に映像に合わせたクッキーの香りを放出する。

被験者の目の前にはチョコクッキーがあり、チョコレートの香りがするが、実際はプレーンなチョコ抜きのクッキーなのだ。果たしてただのクッキーからチョコレートの味はするのか？

実験の結果、75％の人がチョコの味を感じたのだそうだ。味の変化はクッキーの種類で変わり（たとえばメープルは55・6％）、クッキー以外にキノコの映像を映したものでは、味が変わったという被験者は85・7％だったが、ではキノコの味がしたかといえば、したというユーザーは42・9％だった（クッキーの味をキノコの味と錯覚させるのは、さすがに難しいようだ）。

多くの人は香りが変わると味が変わったように感じるものらしい。

メタクッキーのようにマルチモーダルを利用して味覚を変える装置を体験する機会があった。かき氷の味をバーチャルリアリティ（＝ＶＲ）技術で変えてしまうデバイス『フローズンの味が変わるＶＲ』の体験会があったのだ。

◎バーチャルかき氷を体験する◎

『フローズンの味が変わるＶＲ』の構成はシンプルだ。３Ｄゴーグルに最大5種類の香りを発生させるデバイス『ＶＡＱＳＯ』、ＡＲ用のカメラがセットになっている。かき氷を食べながら、手持ちのモジュールの引き金を引くと画面が切り替わり、シロップの違うかき氷が表示される。そして画像に合わせた香りを『ＶＡＱＳＯ』が放出する。

かき氷にはすでに専用のシロップがかけられている。ＶＲ用にＶＡＱＳＯ社が開発したもので、甘味だけではなく、酸味や塩味を少し足してある。酸味のあるシロップといった感じで、さわやかでおいしい。

ゴーグルを装着すると目の前に女性のキャラクターが現れ、映像のかき氷を渡される。そのタイミングで係の人からかき氷を渡される。ＶＲかき氷の体験開始である。

画面にイチゴのかき氷が表示された。最初はイチゴ味なわけだ。食べるとイチゴというほどイチゴが強くはないが、そのままで食べた時と甘さが違う。特に匂いが変わった感じはしないのだが、視覚イメージの錯覚？

引き金を引いたら、次はレモンに変わった。かき氷を食べると……ちょっと待て。あれ、おかしくないか？　酸っぱい？　明らかに酸っぱさが2倍マシである。どうなっているんだ？

混乱しつつ、次はブルーハワイ。これはよくわからない。大体がブルーハワイを食べたことがない。

最後はメロン。……甘い。甘いじゃないか。酸味はどこへ？　もう一巡してみる。イチゴは……あ～イチゴだ。イチゴの味がする。なぜ？

噴射される匂いはごく少量で、匂っているのかどうかもわからないレベルだが、脳は感知しているらしい。匂いが優先的に処理されることで、舌からの情報に風味が加算され、風味を変えてしまう。理屈はわかるが、これほどとは。

『VAQSO』の担当者いわく、

「食べ物以外にもゾンビ臭や火薬の匂いなんかも作っています」

ゾンビ臭！　ゾンビ臭を嗅ぎながらVRゲームをやったら、相当にえぐいだろう。殺人現場の臭いや廃病院の臭い、血の匂いがあれば怖さが倍増だ。ゲーム以外にも病院食や宇宙食など食べ物に制限がある場所で利用すれば、限られた食材をバリエーション豊かに楽しめるのではないか？　とも。

将来、レストランでVRゴーグルをかけ、現実にはない風景と香りに没入することで、

『フローズンの味が変わるVR』を体験。VRゴーグルからは香りが放出され、味覚を混乱させる

未知の味覚体験ができるかもしれない。脳の中にしかない風味を味わうわけだ。

味という動かないと信じていた現実が、香りを変えるだけでこうも容易に変わってしまう。現実がいかにたよりないかがわかる体験だった。

◎電気で味を消したり濃くしたり◎

マルチモーダルなデバイスとは違い、電気味覚はバーチャルではない。物理的に味を変えてしまう。

青山さんは電気味覚を使って、五味（甘味、塩味、酸味、苦味、うま味）を強化したり減らしたりする研究をしてきた。

「電池をなめると電気の味がしますね？」

アルミホイルを噛んだ時にする、あのキシキシする味である。

「あの味がするのは、舌にプラス極がある時だけなんですね」

電池のプラス極をなめるとあの味がする？　考えもしなかったが、そうらしい。

「プラス極を首の後ろとか手でもいいんですが、舌以外のところにつけて、電池のマイナス極をなめても味がしないんですよ」

ホントに?

やってみよう。電池のプラス極をなめる……金属の味がする。マズい。反対側のマイナス極をなめる……あ〜たしかに味が違う。マイナス極は普通に味だけど、プラス極はなんかジワジワする。

プラス極だろうがマイナス極だろうが、舌に電気は流れているだろう。なぜプラス極だけ電気の嫌な味がするんだ?

「舌はプラス極に対して、感度が高いんです」

1000〜10000倍ぐらい違うんだそうだ。

「そしてマイナス極を塩水と一緒に舌につけると、塩味が消えるんです。水しか感じなくなるんです」

????

なんで?

「塩＝NaClは水の中ではNa^+とCl^-に電離します。そして塩味と感じるのはNa^+だけなんです。マイナス極にNa+が引きつけられるため、舌の上からNa+がなくなり、塩味を感じなくなってしまうんです」

わかりやすい。

「これを証明するため、にがりとカフェインで同じことをやりました。どちらも苦みの物質です。にがりは電離してマグネシウムと塩基に分かれます。カフェインは電離しない。同じように口にマイナス極を加えると、にがりは苦みがなくなり、カフェインは苦いままでした」

ということは、塩やにがりのようなイオン化する味物質なら、味を薄くしたり消したりできることになる？

青山さんが実験に利用したのは

・甘味……グリシン（アミノ酸の一種で甘い）
・塩味……塩
・酸味……クエン酸
・苦味……にがり

・うま味……グルタミン酸

「これらを口に入れ、マイナス極を加えて電気を流すと味が薄くなります」

味物質は電極に集まっている状態なので、電気を切れば、味は一気に舌に戻ってくる。「面白いことに、戻ってきた味は元の味より味を濃く感じるんです。これを私たちは『味覚の抑制と増強』と呼んでいます」

使ったのは約10V・1mAの電源だそうだ。乾電池レベルである。

この原理を使って、フォークに電流を流し、味覚を変えるというのが電気味覚フォークである。

◎電気味覚フォークを体験する◎

電気味覚フォークの構造はとてもシンプルだ。柄の中に充電式の電池が内蔵され、スライダー式の調節レバーとプラス極とマイナス極の極性を反転させるスイッチが付いている。

柄にぐるりと巻かれている銅版が電極だ。フォークが口に触れると口→腕→手→フォークの柄と電気の回路ができる。この回路を電気が流れる。

舌と体と電池の間に回路ができればいいので、装置の形自体は何でもいい。中村さんらは他にも電極の付いたストローとグラスで飲み物の味を変えるなど多様なデバイスを開発している。

ではなぜ最終形をフォークにしたかといえば、

「実際に使ってもらうにはフォークやスプーンを使った方がいいと思ったんです。金属ですし、これなら付けられそうと」

と中村さん。

フォーク側がプラス極の時は味が強化され、マイナス極の時は変化がない。

「フォーク側をプラス極にすると電気の味が加わります。他の食べ物との組み合わせで、食べ物の味が増強されたように錯覚するんです」

錯覚？『味覚の抑制と増強』が起きているのではないのか？

食べ物と味覚物質の構成は複雑だ。すべての成分が電離しやすいわけではない。電離しなければ、味は変わらないはずだ。しかしかなりの食べ物で味覚の増強が起きることがわかった。

電気が五味全部の神経を刺激していると考えられているんです、と青山さん。

「食べた味に電気味という雑味が加わることで、元の味を想起しやすいんです」

2016年に電気味覚の体験イベント『NO SALT RESTAURANT』が開かれた。『NO SALT RESTAURANT』（企画立案・全体統括 ジェイ・ウォルター・トンプソン・ジャパン、プロダクト実用化は、ジェイ・ウォルター・トンプソン・ジャパン、aircordが担当）は名前の通り、一切、塩分を加えていない食べ物でメニューを組み立て、それを電気味覚フォークで食べるというものだった。

すべての料理に塩分はないのだが、食べた人は電気に刺激された味覚に、塩味がすると錯覚した。

「とんかつやチキンライスなど、目で見ただけで唾液が出てきそうなものを料理研究家さんにチョイスしてもらっています」

見た目で味をイメージさせた上で、電気味覚で舌を刺激すると、脳は電気味を塩味に錯覚するという。

◎電気でチーズの味が高級に！◎

何はともあれ、まずは体験。市販のチーズの味がどう変わるかを試してみる。

中村さんに言われるまま、チーズをフォークで刺して

「舌にチーズを当てたままにしてください」

舌にチーズを押し当ててスライダーを上げる。

「半分ぐらい上げただけで、十分に変化がわかると思います」

……おっ？　おおっ。おおおっ！

「味が舌に迫ってくると表現された方もいます」

なんだこれ！

味が急に濃くなる。安いチーズがゴーダチーズのような濃厚な味に変わったのだ！

面白い。安い味が高い味に変わるのか。

「イベントなどでは、カップルに手をつないでもらって、片方が片方に食べさせると味変わるよってやったりしてます。人体を回路にしているので、これが1人でも2人でもあまり

変わらないんです」

味覚細胞は少ないながら、喉の奥にも分布している。そこで喉に電極を付ければ喉越しを生み出すことができるという。いわば電気ビールである。

他にも圧力で電気が発生する圧電素子を使った、噛むと電気が流れて味がする『無限電気味覚ガム』を試作したり、あごと延髄に電極を付けて味覚を刺激して味を作り出したり、青山さんと中村さんは電気味覚をいろいろな角度から研究している。

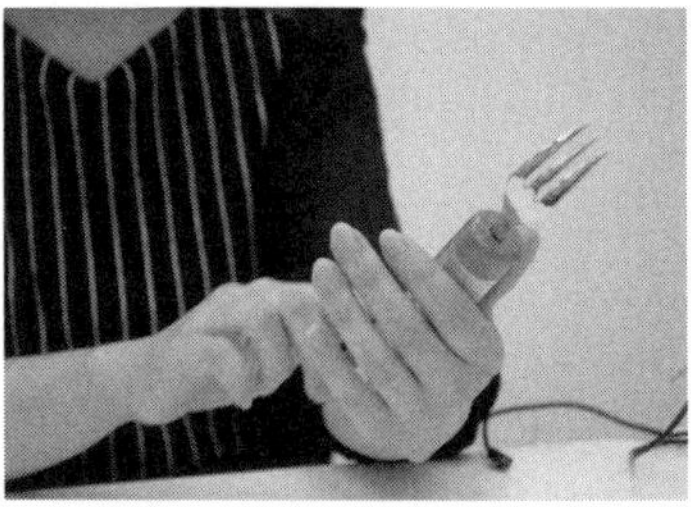
電気味覚フォークを使えば、減塩したラーメンも普通の味に変えることができる。いずれは「ない」味を作り出すことも？

電気は味の成分が舌の細胞と結びつく量を操作し、味に強弱をつけることができる。また舌を刺激して味覚を過敏にし、ないはずの味があるように錯覚させることもできる。舌への電気刺激に脳がだまされているわけだ。

◎催眠術で味は生み出せるのか？◎

つまるところ、味を生み出すのは脳なのか？　舌が受け取った味覚情報と視覚や嗅覚のマルチモーダルな情報を統合し、味として完成させるのが脳なら、私たちが感じている味は舌ではなく脳の中にある。

味が脳で完成されるのなら、脳だけで味を生み出すことはできるのだろうか？

脳にダイレクトに刺激を与えることで、しょう油ラーメンを食べさせて、『ラーメン二郎』を食べていると思わせるなんてこともできるのか？

今のところ、そんな便利な脳用デバイスはない。ないが、脳をだます技術はある。催眠術である。

テレビでよく見る有名な催眠術師に十文字幻斎という方がいる。幻斎氏の主催する催眠術の体験会へ参加した。よくテレビでは、催眠術をかけられた人が、わさびを甘いとなめたり、レモンを平気でかじったりする。演技でできるものではないだろうとは思うが、じゃあそれが本当なのかというと、なんともよくわからない。

何事も経験なので、わさびと豆板醤とレモンを持って行った。

本当にこれをそのまま食べられるのなら、味は脳で生み出されることになる。脳をだませば、味なんてただの飾りだ。

モデルとして同行した五十嵐美樹は、東大の大学院を出て科学教育の修士号を持つ才媛のタレント。テレビにもよく出演している。理系がロジカルでだまされにくいのなら、これ以上にだまされにくい人はいないだろう。

「言葉で考える人はかかりにくいですね」

催眠術師の藤田安慈さんによると、理屈で考える人はかかりにくいらしい。

「反対に脳に言葉が届いてないような人もかからない」

脳に言葉？

「たとえば、手が固まります、と言った時に、固まるって……プリンぐらい？　みたいなほわんほわんしたことを考える人はダメですね」

理屈っぽい人と天然ボケの人はかからないわけだ。

「じゃあ私はかかりませんね」

と五十嵐。たしかに。理屈っぽい上にほわんほわんしている。よりによって一番かからないタイプを連れてきてしまった。いくら客観性が欲しいと言っても、催眠術にかからないのでは話にならない。

「相手の心の中に合わせて暗示をかけるんです。あなたは私を好きになる、と言っても、まったくそういう気持ちがなければ、暗示にかからない。でもあなたは私を信頼する、信用すると言えば、暗示にかかりますよね。ドMの人であれば、この人にビンタされるというので、暗示にかかる」

マジですか。すごいな。

今回、試したいのは味覚の変化である。バラエティでわさびをベロベロなめておいしいとやっている、あれは本当に起きることなのか？　犬に変わるとか目の前の人を好きになるとか、そういうのは気持ちの問題だから何とでもなるだろう。しかしわさびをベロッとなめておいしいとやるのにウソはつけない。わさびがニセモノじゃない限り。

十文字氏によれば、味覚の暗示は難しいのだそうだ。

「すごく深くかかっても、味覚だけ変わらないことがあるんです」

なんと。

「味をたしかめよう、たしかめようと考えすぎて、暗示をかき消してしまうんですね。料理人でも、あっという間に味覚が変わる人と変わらない人がいます。極端ですね」

なんであれ、まずは催眠術にかからないと話にならない。

◎動かなくなる指のトリック◎

催眠術をかけるには、まず最初に人間の体が持つ特性を利用する。人間の体は、ある角度で曲げると手が動かなくなったり、指を上げられなくなったりする。普通の人はそれを知らない。それを入り口に、催眠術は始まる。

催眠術とは催眠術師にかけられるものではなく、自分で自分にかけるものなのだ。催眠術師はその誘導のテクニックを知るナビゲーターだ。

藤田さんに催眠術をかけてもらった。

「手がテーブルから離れなくなる催眠術をかけますね」

はい。

「トランプの上に手を広げて、中指をテーブルにぐっと押し付けてください」

こうですね。他の指は浮かせて、中指だけ押しつける……。

「中指とテーブルの間にトランプのカードを差し込みます。ぐっと力を入れてください。

この催眠術、どんな催眠術と言いましたっけ？」

テーブルから指が離れなくなる。

「そうですね。では中指を動かしてください」

……あれ？

「くっついてます？」

お？　おお？　動かんですよ、これ。どうしたもんだ？

「はい、では解きますね、3、2、1、ハイ！」

腕をポンと叩かれると指がテーブルから離れた。

こういう感じか！

やってみればわかるが、テーブルに押し付けた指が動かないのは催眠でもなんでもない。ただの体の仕組みだ。テーブルに押し付けた中指だけを動かそうとしても動かせないのだ。腕をほんの少し動かせば簡単に離れるのだが、テーブルから指を動かしてはいけないという最初の暗示が効いているので腕はロックしたまま、指だけに意識が集中する。だから動かせない。腕を叩かれることで腕が動き、指も動く。

これが人間の特性を生かした催眠の導入だ。やってみれば当たり前のことを、素直に不思議と思った瞬間、術にかかる。

◎自分だけに見える幻覚を作り出す◎

ケラケラと笑い声がするので振り向いたら、椅子に座った五十嵐が

「立ち方がわからない！」

十文字さんにお尻が椅子にくっついて離れないという催眠をかけられたのだという。かかりやす過ぎる。君は工学部出身で東大の院生だったのではなかったのか？

十文字氏が説明してくれた。

「催眠はかかっている人の頭の中だけで起きるんです。自分で自分が立てない理由を頭の中でつくっている」

こうなると、ただの練習台である。催眠術の会はかけたい人とかけられたい人の練習会なのだ。

催眠術師の卵たちが入れ替わり立ち替わり、五十嵐に催眠術をかけていく。

「はい、あなたは洗濯機」

五十嵐が頭をぐるんぐるん回し始めた。

ちょろい。あまりにも、ちょろい。

藤田さんによれば、幻を見せることもできるそうである。ホントに？

「もっともっと力を抜いていきます」

椅子に座った五十嵐の体から力が抜け、だらんと腕が落ちた。

藤田さんが五十嵐の目を見て、手を振った。

「3つ数えると目が覚めます。あなたの目が覚めると、あなたの憧れている人がなぜか目の前に立っています、3つ数えると必ず目の前にいます、1つ、2つ、3つ、おはようございます」

目を開けるなり、五十嵐が笑い出した。

「うそ、うそうそうそ〜こんなの、うそ！」

いやだ〜と言いながら、

「どうしよう、うれしい！」

今度は泣き出した。うれし泣きらしい。

誰が見えているの？　ダンシングマッドサイエンティスト？　踊りながら実験するアメリカ人？　その人が好きなの？

うんうんとうなずきながら、泣いている。

……マッドがつくんだ。泣くほどファンなのか。

本当に見えているらしい。すごい。

◎味覚をだまし、催眠をかける◎

ここからが本題だ。味覚がどこまで脳の生み出す幻なのか、検証をしたい。引き続き、催眠術にかかりやすい五十嵐を実験台にする。

わさびでやりましょう、と藤田さん。

「わさびはたくさん食べても炎症を起こしたりしませんから。からしをいっぱい食べたら大変ですよ」

なるほど、言われてみればそうだ。わさびを食べ過ぎても翌朝困ったことは起きないが、からしや唐辛子は大変なことになる。

藤田さんが五十嵐の頭を手で支え、早口で言った。

「すーっと目を閉じます。頭、ボーッとして気持ちよ～く気持ちよ～くなります」

五十嵐の頭がぐらぐらしている。たったこれだけでかかったのか。

「3つ数えると気持ちよく目が覚めます。目が覚めるとあなたは痛みも何も感じなくなります、鼻も口も何も感じない、1つ、2つ、3つ！」

ボーッとしている五十嵐の顔を上に向けさせ、口にわさびを少し入れる。味は？　と聞くと何もわからないと五十嵐。

「では催眠解くよ、3、2、1！」

ゲホゲホと五十嵐が咳き込んだ。

なんだこれは。

人間の構造を使うんです、と藤田さん。

「わさびの辛みは揮発性なので、わさびをなめても顔を上にあげていると鼻から辛みが抜けていくので辛くないのです。催眠を解くと顔が下に下がるので、辛くなる。催眠術はショーなので、ちゃんとやり方に理屈があるんですね」

ここを入り口にさらに催眠を深めていく。

◎わさびは甘くなり、レモンを丸かじり◎

「目が覚めるとあなたは、なぜかわさびの味が抹茶のソフトクリームの味になっています。甘ったるくて、めちゃめちゃ甘い、想像しただけで口の中がめっちゃめっちゃに甘くなっていきます。いいですか、3つ数えると口の中が甘くなって目が覚めます、1つ、2つ、3つ」

いつにもまして、ボーッとしているな。じゃあ食べさせてみよう。

おせんべいの上に、歯磨き粉のようにムニュムニュとわさびをひねり出し、口に放り込む。どうだ?

「甘い……クリーミィ」

すごいな。そして藤田さんが術を解くと、

「!! ブホッ! めっちゃ辛いんですけど、ヒーッ!」

面白い!

人差し指2本分ぐらいのわさびを食べてしまった。チューブの3分の1がなくなった。

同じ要領でレモンを渡すと……うわあ、この人、皮ごとかじり出したよ！　あ、全部食べた。レモン2個、皮ごと食べちゃったよ。大丈夫か？

「みかんの味がする」

梅ジャムだよと豆板醤を出すと、

「うん、すごいおいしい。甘い、おいしい」

と自分から豆板醤を塗りたくって食べ始めた。バリバリ食べている。

そして十文字さんが、はい、辛くなります、と言うと

「！！」

甘くなります、と言うと

「……甘い」

すごいな。素晴らしい。すべては脳なのか。

水はコーヒーの味になり、氷を押し付けても感覚はなく、鼻をつまんだ手は動かなくなる。すべては脳だ。

催眠術でわかったのは、被験者が連想する方向にしか味は変化しないということだった。わさびをハンバーグの味

豆板醤をべったり塗ったおせんべいも「甘い」という、催眠下の五十嵐さん。味を生み出しているのは脳なのだ

に変えることやレモンをしめさばの味に変えることはできない。連想する記憶に味覚は引きずられるわけだ。それは中村さんたちが『NO SALT RESTAURANT』で、塩味を連想しやすい料理を選び、味覚フォークで塩味を体感させたテクニックと相通じる。

味は脳の中で生み出される。ということは一定の制限はあるものの、ＶＲ技術で食べ物の画像を見せながら舌を電気で刺激すれば、幻の料理を脳内に作り出すことが可能になるのだろうか？

青山さんにそう聞くと

「それが私の研究なんです」

脳と感覚器官の関係を調べ、ＶＲに応用するのが青山さんの研究テーマなのだ。ごく近い未来、地球上で本人のみが味わうことができる最高の美味が、電気刺激とＶＲシステムを使って実現するかもしれない。

至極のラーメン、その人にとってもっともおいしいラーメンは脳の中にある。

コラム 6

お湯以外でカップ麺を作る、そして食う!

みんなきてKOIKOIの伝説

まだWi-Fiがなく、ADSLでネットがつながっていた頃、『みんなきてKOIKOI』というヒット数150万オーバーの怪物サイトがあった。

2ちゃんねるが生まれ、mixiが全盛でFaceBookもGoogleもまだこの世になかった。スマホもなく、1ドルは140円で、光通信の株価が爆上げし、富裕層という言葉が流行り始めていた。

「ここは見といた方がいいです」

と友人から送られてきたURL。退屈な夜、思いだしてアクセスした。何気なく読み始めたが、5分後、叫んだ。

「バカか、あんたは!!」

それから2時間、笑いを堪えながら貪るようにページを繰った。

サイトのコンセプトは実にシンプルだ。

「いろいろな飲み物でカップ麺を作る。そして食う!!」

こう聞いて（なるほどね、ソースやタバスコでカップ麺を作るんだ、罰ゲームやね）なんてわかった顔をする凡人の想像をＫＯＩ２氏は楽々と越えていく。

ＫＯＩ２氏にとって飲み物＝液体、塩酸もユンケルもクサヤの漬け汁も沸騰するモノなら『問題ナッシング!!』。

吐き、寝込み、『やめときゃよかった』『ぐあああ！！』と食べに食べ、『爆裂！カップメン!!』なる本まで上梓した。

そしてついにＫＯＩ２氏は目標だった１００食を完食、２年に及んだ大プロジェクト

伝説の迷著（？）『爆裂！カップメン!!―お湯以外でカップメンを作る！そして食う（HPブックス）』（KOI2/キルタイムコミュニケーション　現在、廃刊）。必笑の一冊

は終了した。

最後の100食目は『南極の氷』だった。意外と平凡だな、なんて読むまでの話。なんと南極の氷を個人輸入したのだ。

そんなことできるのか？　できるらしい。彼は4万3200円也を支払い、カップ麺のために1キロの南極氷を輸入したのだ。

◎男KOI2、どこに行く？◎

KOI2氏とはいかなる人物か？

見た目は物腰のやわらかい好青年である。が、だまされてはいけない。以前、『みんなきて……』にリンク願いを出した時、私は仕事でミミズを食べたと書いた。返事は「私も以前金に困ってバッタを食べた時期が……」。

食うなよ。

バイト代をすべてゲームに注ぎ込んで食べる物も買えず、俺の血になってくれるだろうとバッタを食い、九州を徒歩で一周して死にかけ、小学校の時には『ネコ対ライオン』という小説（ネコの攻撃、ニャー！　ライオンの反撃、ガオー！　……こんなのが原稿用紙10枚も続く）を書いた男、それがKOI2。

爆裂！カップメン!!は生まれるべくして生まれたのである。アンタ凄いよ。

ところで南極の氷ですが？

「酒屋とかのって袋だけ南極の氷と書いてるかもしれないじゃないですか。ササニシキとかいって古々米売ってるような」

そ、そうですか？

「それで自分で輸入しようと。ネットで個人輸入業者を調べて電話したら、最初に『無理です!!』っていきなりガチャン!!　それから百数十件電話して、その中で1社だけできそうです、と。でも1キロだと全部輸送料らしいんです。何とか早く安くと頼み込んだら、これからインド洋に出航する漁船に載せましょうと言われまして」

ぎょ、漁船?!　漁船って魚以外も運ぶの?!　そして3週間後、

「オーストラリアの業者がインド洋、太平洋経由のマグロ漁船に氷を積んでくれて、三浦半島からクール宅急便でバーンと」

箱の横にはTo JAPANの文字、重さもキロじゃなくてポンド、カッコいいぞ。

かくして『南極の氷でカップ麺を作り、それを食う!!』という壮大な試みは実現したのであった。でもカップ麺に使った氷は1欠片だけ。残りはというと「捨てるのもったいないんで風呂にガバーっと入れて南極風呂だあって。5万年前の水だぜ！ 南極のクールバスクリンだぜ！ と南極を堪能しました」

なんかもう、漢だ。

アルファ米をお湯以外で戻す！ そして食う

ＫＯＩ２氏に会って何年も経ってから、再びお湯以外で作る、そして食う！ ことに出会うこととなった。

災害食である。

地震のような大規模災害ではライフラインが切断され、通信はもとよりガス、水道さえも切断されることがある。その時、食をどうすればいいのか？ ＫＯＩ２氏がお湯以外でカップ麺を作ったのはブログのためだったが、災害時には生きるために同じことをしなければならなくなる。

最低3日分の水・食料は用意しておくようにと政府広報では言われている。そんな備蓄用にとても便利なものがある。アルファ米だ。お米を乾燥させたもので、お湯でも水でも元のお米に戻る。

使い方は簡単だ。パックを開けて、中の線まで160CCのお湯または水を注ぎ、元に戻るのを待つだけ。お湯なら15分、水なら1時間でご飯ができる。

試しにお湯で戻してみたら、完全にご飯。正直、ご飯モドキだろうとナメていたのだが、全然普通である。卵かけごはんにしたら、素敵な朝ごはんになった。

水ではどうか？　冷水を入れて1時間放置する。うん、冷やご飯。1時間たったら冷やご飯。冷やご飯とは言ったものの、常温なので、食べるのに問題はない。

災害時もだが、キャンプでご飯を炊き損じた時のバックアップやバーベキューの時など重宝する機会は多いだろう。

だから水とアルファ米、それに缶詰でもあれば、災害時でもそれなりにご飯が食べられる。しかし往々にして、そういう時に限って水がなかったりもするわけだ。

日本災害食学会顧問・甲南女子大学名誉教授の奥田和子先生は、災害時に真水がない、あるいは備蓄容量を最小限にするために、水以外の飲料でアルファ米を戻したらどうなるかを実験した。

「私たちは、普段から食事の時にお茶を飲み、コーヒーを飲み、野菜ジュースを飲むなど、さまざまなものから水分を摂っています。『水分』と聞いて、水のペットボトルと決めつけないで、さまざまな『飲み物』を備蓄することを考えてほしい」(同氏・リスク対策・ｃｏｍ「『1日3Ｌ』水の常識は非常識!?」から転載)

水ではなく、栄養のある飲み物でアルファ米を戻せば、ご飯と飲み物が一度にとれるので、緊急時には良いのではないか？　という提案である。

……ご飯と飲み物が一度にとれる？

踏み出す一歩目を間違えていらっしゃるのでは？　と心配になるが、奥田先生は迷うことなくアルファ米を、

・野菜ジュース（野菜一日これ一本）
・缶コーヒー（ボス　グリーン）

・コーラ（コカ・コーラ）
・アップルジュース（トロピカーナ）

で戻してみた。

結果はどうか？

野菜ジュースは「にんじんやトマトの匂いが食欲をそそる」「味に深みがあり、おいしい」「後味が爽やか」とベタボメ。それはそうだろう。冷えているだけで、要するに野菜のリゾットだ。マズいわけがない。

コーヒーは？　「コーヒーの香りがする」……それはするだろう。「おいしい」……缶コーヒーでご飯が？　怪しい。おいしそうな要素をまるで感じないが。

アップルジュースは「上品な甘み」「おいしい」、まあわかる。

コーラはというと「コーラの味がする」。

……そのままかよ。

実験を再試する。缶コーヒー、オロナミンC、コーラ、ポカリスエットを用意。オロナミンCのような栄養ドリンクとポカリは非常用キットに入っている気がして追加した。

◎他人の話を鵜呑みにせずに実験、それが科学魂◎

水で戻す要領で、アルファ米を戻す。アルファ米はアルミのパックに入っている。チャック式の開閉口を開けて、本当はお湯を入れる。冷たい水の場合は戻すのに1時間ほどかかる。冷たい缶コーヒーの場合は？　たぶん1時間だ。

パックを開けて缶コーヒーを注ぎ込む。缶コーヒーを入れると当たり前だが、お米がコーヒーの中に浮かんだ。

おかしいだろう、これ。

オロナミンCとコーラはもっとひどい。炭酸だから、シュワシュワしているわけだ、ご飯が。ご飯をイジメているようで、すごく心拍数が上がった。

なんだ、この罪悪感。日本人の心の友なんだよ、お米は！　シュワシュワさせちゃダメなんだよ！

1時間後、恐る恐るアルファ米のパックを開けてみた。缶コーヒーを入れたお米は、コーヒー色。ダメだ、食べ物に見えない。

オロナミンCを入れたお米は黄色。しかも発光色。紫外線で照らすと光るぞ、これ（ビタミンBが紫外線に反応するのだ）。アメリカの青いケーキ並みに食べ物の色じゃない。コーラは薄いコーラ色。うーむ。炊き込みご飯と思えばいいのか？

ポカリスエットは元が透明に近いので、普通のご飯だ。見かけだけなら、ポカリ優勝。では試食である。

◎激マズNo.1のお米戻し飲料は？◎

缶コーヒーご飯は、ホントにおいしそうに見えなくて、まったく心からマズそう。奥田先生、ホントにおいしかったんですか？　何か致命的なミスをされていませんか？

え〜い、ままよ！　パクッ……ん？　……パクパク。お？　おおっ？

新しい味覚の地平線がここに！　イケるんじゃないの？　甘い、たしかに甘い、だがコーヒーの香りがそれを補い、新しいタイプのお菓子なんじゃないか？　少なくともコーヒーはご飯と合うんじゃないか？

なんてことだ。コーヒーでご飯炊いたら、もしかしたらおいしいかも？　もち米で炊いたら、新型赤飯？　赤くないけど。

次はオロナミンC。異様に黄色い。

パクッ、うおおお！　なんだ、これは！　食えるか！

ふざけんな、なんだ、このケミカルな甘さは！　おっと、そこで洗濯物を持っている嫁、これ食べてみて。

「甘い」

だろ？

「おしょう油かけたら？」

なんて無責任な。くそ、しょう油入れたら食えるか？　もうヤケだな。

……漬物の汁がかかったご飯みたい。食えなくはないけど、すごいなあ、偉いなあ、おしょう油。おしょう油は日本人の心だ！

完全に心が折れたまま、コーラ飯。パク……コーラの味。

ごはんにコーラ、禁断の組み合わせに心が痛む

あのさあ、甘過ぎなんだよ。洗濯物の空になったカゴを持っている嫁、ちょっとこれ。どう？

「コーラ飴の味がする」

甘過ぎだよな。

「お菓子って言って食べさせれば？」

誰に？　まあいいや、最後のポカリはどうでしょうか。嫁、これはどう？

「？％＃＆＆！！！！！」

逃げた、逃げたよ、あの人。なんだよそれ。まったく……パク。

バカにしてんのか！

お前は俺にケンカを売っているのか、おお？　人間はこういうものは食べません！

緊急時、アルファ米やインスタントラーメンを水以外で戻すこともあるだろう。しかし間違っても炭酸系とイオン系で戻してはいけない。避難先で身もだえることになる。

プロが考える100年後のラーメン

これから先、ラーメンはどこに向かうのか。新横浜ラーメン博物館、創業100年の製麺メーカー、業務用ラーメンスープメーカーにそれぞれの考えるラーメンの未来を語ってもらった。

◎新横浜ラーメン博物館の考える100年後のラーメン◎

新横浜ラーメン博物館の名物館長、同社代表取締役の岩岡洋志氏に、100年後のラーメンを想像してもらう。

「100年後、人口が100億人を超えて気候変動も激しい。そういう未来でどんなラーメンが食べられているかということです」

と岩岡氏。たしかに人口増や環境の変化はラーメンに影響するだろう。昆虫をダシにしたラーメンは今は変わった料理の扱いだが、未来ではそう珍しくないかもしれない。

「ラーメン自体は大きくは変わらないと思います。しょう油、塩、味噌の基本も変わらないでしょうし、保存方法や調理方法の変化はあっても、麺とスープと具材という形も変わらないでしょう」

一方で日本は人口が減って7000万人になると予想されている。経済を回していくのに全然人手が足りない。そのため、移民を入れることになるだろう。

移民が入ることで、各国でローカライズされたラーメンが日本に逆輸入され、広まる可能性がある。

「ラーメンは非常にデリケートな食べ物で、各地から出店いただくんですが、味が変わってしまうんです。同じレシピで同じ材料なのに味が違う。それで調べてわかったのが水だったんです」

水で食べ物の味が変わるという話は聞くが、大げさではなく本当なのだ。

「鍋でも変わります。新しい厨房だと鍋が馴染むまで味が違う」

微妙なものなのだ。麺も輸送で時間が経つと味が変わるというので、ラーメン博物館では製麺室まで作ることになった。奥が深いのだ。

岩岡氏が気になっているのが、ご当地ラーメンが消えつつあること。

「北海道に味噌ラーメンを調べに行ったのに、どこもかしこも豚骨ラーメンですからね」

繊細な調理が必要なラーメンは、一度失われれば、同じ味に戻すことは難しい。たかがラーメンと言えども、失われたご当地ラーメンは帰ってこないのだ。そのすき間を海外からローカライズされた各国のラーメンが埋めていく。電子機器業界の衰退で見たような風景がラーメンでも繰り返されるのか。

◎創業100年の製麺メーカーが考える未来のラーメン◎

製麺メーカーの老舗、大成食品の鳥居憲夫社長は3代目。おじいさんは大正時代にラーメンの屋台を引き、仲間に麺を卸し始めたのが現在の製麺業の始まりなのだそうだ。

「戦後は10年ごとにラーメンブームがあって、最初は札幌味噌ラーメンですよね。その後につけ麺が来て、ご当地ラーメンブームが来て、1990年ぐらいがブームの最高潮だったと思います。ラーメンコンサルタントや評論家が登場した。2000年代に入って海外進出ブームですよね。和食が世界遺産になって、ラーメンも盛り上がったんですよね」

インスタントラーメンのように、これからは日本のラーメンが世界に広がっていく。鳥居氏の考える未来のラーメンはフレンチなど西洋料理の技法と和食の技法が組み合わさった世界仕様の新しい味だ。

「ラーメンは和食の部分を取り入れて、昆布や魚のダシを生かしていますね。ラーメンの持つダシの相乗効果というのがフレンチでも注目されていくと思います」

製麺メーカーとして麺はどうかといえば、中国には見たこともないような麺が無数にあるのだそうだ。

「うちでも作ろうかと思ったんですが、手作りだから機械化して作ることができない」

とうもろこしから作るそうめんのような麺や米粉ベースのビーフンのようなもの、餅のように搗いて細く切った麺など日本人の発想にない麺が山ほどあるという。

「もしかしたら100年後にはそういう麺のラーメンが出てくるかもしれない」

まだまだ開けていない引き出しだらけの中国大陸である。

◎業務用ラーメンの視点で未来を覗くと……◎

和弘食品は日本中の業務用ラーメンスープを作っている会社だ。

大きな声では言えないが、有名店も取引先だ。全国津々浦々、みそ、しょう油、塩、豚骨はもちろん、牛骨に鶏白湯、担々麺にカレーラーメン、つけ麺用の煮干しダシに油そばのタレ、鯛ダシ、ホタテダシ、すべてのスープを作っているので、すべてのラーメンの秘密を知っている。そんな会社の目から見る未来のラーメンとは？

同社取締役副社長の加世田十七七氏に対応してもらう。

「私どもはアメリカでも売っているんですが、昔はアメリカでラーメンと言えば、冷めておいしくないものでした。フーフーできないし、すするのはマナーでダメだし、冷めたラーメンしか食べられない。インスタントラーメンも焼きそばのようにお湯を捨てて食べていた。ところが最近、日本人の僕らがおいしいと思うラーメンがすごく流行っています」

味の多様性は文化です、と加世田氏。

「学習され、伝えられていくわけです。アメリカ人が冷めたラーメンに戻ることはないでしょう。アメリカで流行るものは世界で流行する。アメリカでは今は辛いラーメンが人気です。マー油という辛い油を入れているんですが、それがすごくウケています。」

韓国の辛ラーメンがトップシェアというのも、そのあたりの嗜好の違いなのだろう。

「健康系のラーメンも注文が来ています。アニマルフリーのヴィーガンラーメンは、以前はおいしくありませんでしたが、普通のラーメンと変わらないところまで来ています」

工場で作るラーメンと聞くと化学薬品で合成しているイメージだが、やっていることはラーメン店とまったく同じ。規模が桁違いというだけだ。

「工場は厨房と同じなんです。味噌を焼いたらコクが出ると言われれば、味噌を焼きますし、豚骨スープは何時間もガラを煮て作ります」

オイルに魚介類の香りを抽出したホタテオイルやシャケオイルなどもあり、組み合わせれば一流ラーメン店の味の出来上がりだ。こうした技術が世界へ広がるラーメンを陰で支えているわけだ。

これからのラーメンは世界に広がり、その土地その国でローカライズされていく。それが日本に逆輸入される。それがラーメンの未来か。

來々軒の味が今のラーメンと同じ味という話をしていたところ、岩岡館長が面白いことを教えてくれた。

「でも当時は脂っぽくて食べられないとか臭いとか結構いう人がいたらしいんですよ」

あの淡い味のラーメンが脂っぽくて臭い？

「來々軒が登場した明治の終わり頃の新聞や雑誌にある食の記事を読むと、当時のラーメンは來々軒のように今でいう淡麗系のラーメンですが、脂が浮いていて嫌だ、脂っこい、豚臭いと書かれているんです。天ぷらそばが油っこい、あんかけそばが油っこいという記事も出ています。たぶん当時の一般的なラーメンのダシはもっとそばに近いダシだったと思います」

油脂のうま味が日本人に浸透したのが、その頃からではないかと岩岡館長。

「明治3年までは四つ足を食べてはいけないと言われて、そんな肉食を禁じる文化が1200年も続いていたので、最初は洋食でビックリして次に中華でビックリして、そうやって味覚が慣れて、変わってきたのだと思います」

もちろんおいしかったから大ヒットしたわけだが、同じ味でも時代によって客の受け取り方が違う、社会の受け取り方が違うことは大いにありえる。

100年後のラーメンを考えることは、そのまま100年後の私たちを考えることでもある。

◎おわりに◎

2018年11月10日、新宿にある肉バル『パンとサーカス』にて、『科学が変える味覚の世界~電気味覚と電気肉体験会』というイベントを開いた。

電気味覚の取材で協力してもらった中村裕美さんと青山一真さんに、一般客を相手に電気味覚の実演と実験をお願いしたのだ。お二人はノリノリで、電気刺激ユニット「神鳴(かみなり)」を組んで参加してくれた。私も電気肉のセットを持って行き、鹿肉に電気を流して、肉の食べ比べをした。

『パンとサーカス』の店内は映画『ブレードランナー』の多国籍な未来をイメージしているので、SF映画のセットのようだ。香港の路地裏のような漢字で落書きされた壁には金属パイプがむき出しで、カウンターの上にはザーザーとモノクロ映像の流れるモニターが並ぶ。電気味覚という未来の技術を紹介するには、うってつけの場所だった。また同店はジビエを出しているので、電気肉の実演にもちょうど良かった。

イベントは好評で、電気フォークを使って食べるとチーズの味が変わる感じや電気を流した肉がおいしくなることを体験し、電気で味が変わるという不思議な現象を身をもって知ってもらうことができた。

お二人の技術解説もわかりやすかった。私はカウンターの端から店内を見ていたが、モニターを使ってプレゼンをする二人の話が、見る客たちに理解され、味覚の不思議が一人ずつに伝わっていくのがわかった。

人間は本当に面白く新しいことを知ると、どんな年齢であっても目が輝くのだ。

食の未来は、私にとって本当に面白く新しいことだ。食の未来は、私たちの想像をはるかに超えて、まったく新しい次元に入りつつある。内閣府のムーンショット目標5では、食品ロスをなくすために廃棄した食品を粉末化、3Dプリンタで再食品化することが検討されているが、この3Dプリンタ技術がすごい。

『細胞培養マグロ』(マグロの筋肉の培養細胞をベースにフードプリンターで出力、内部構造も再現)や『粉末焼結雲丹』(粉末にしたウニと米を放射状にレーザーで焼き固める)などこの世に存在しなかった寿司を作ろうというプロジェクト(フードテックプロジェクトのオープンミールズが提案する『寿司シンンギュラリティ』)が動き出しているのだ。科学技術はこれまで地球になかった味を生み出そうとしている。

この面白く新しいことがうまく伝えられていれば、大変にうれしい。

本書制作にあたり、文中で紹介できなかったが、亜細亜TokyoWorld株式会社の宮下慧さん、ベースフード社の井出昌志くん、カメラマンの谷口雅彦氏、世界の伝統料理と特殊食材を食べる会にはお世話になっている。『ラーメンを科学する』に引き続き、株式会社カンゼンからの出版になったことは僥倖である。担当の石沢氏には尽力いただいた。この場を借りてお礼を言わせていただく。

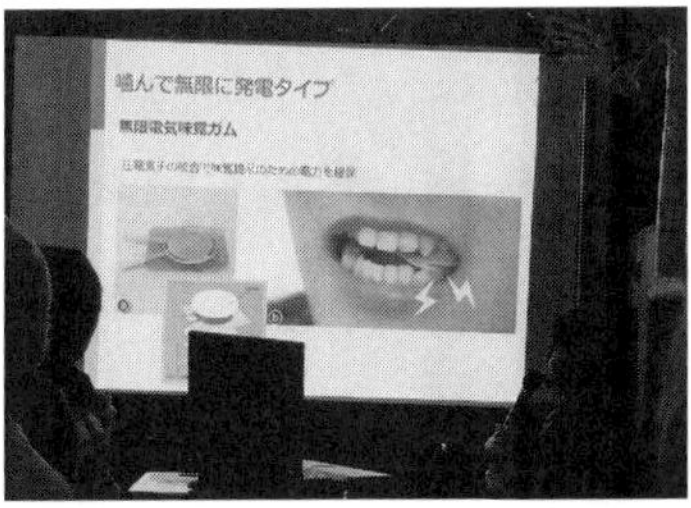

体験会の様子。好評のうちに終わった

肉バル『パンとサーカス』
東京都新宿区新宿3-3-7 三慶ビル4F
電話03-6457-8532
亜細亜TokyoWorld株式会社
https://asia-tokyo-world.com/

文中取材先

1　**薬膳食堂ちゃぶ膳　下北沢店**

東京都世田谷区代田 6-16-20
電話番号：080-6603-8587
https://food-therapy-diner-chabuzen.business.site

KICK BACK CAFE（キックバックカフェ）

東京都調布市若葉町 2-11-1 パークスクエア武蔵野 1F
電話番号：03-5384-1577
https://kickbackcafe.jp

香林坊

東京都中野区中野 5-52-15 中野ブロードウェイ 2F
電話番号：03-3385-7005
https://tabelog.com/tokyo/A1319/A131902/13012857

菜道

東京都目黒区自由が丘 2-15-10
電話番号：03-5726-9500
https://saido.tokyo

ANTCICADA（アントシカダ）

東京都中央区日本橋馬喰町 2-4-6
予約・問い合わせはメールのみ
https://antcicada.com

グリーンカルチャー株式会社

https://greenculture.co.jp
通販サイト『グリーンズベジタリアン』
https://greens-vegetarian.com

2　**ベースフード株式会社**

https://basefood.co.jp
※同社製品はオンラインでの販売以外に一部コンビニでも取り扱い中

3　**AISSY株式会社**

https://aissy.co.jp
※食品の分析はホームページより受付

4　**十文字幻斎（じゅうもんじ げんさい）**

https://phantomcross.com
※催眠術が体験できる『たのしい催眠の会』への参加申し込みは十文字氏のホームページよりメールで受付

五十嵐美樹（いがらし みき）

東京大学大学院修士課程修了。NHK高校講座「化学基礎」レギュラー出演。上智大学理工学部在学時に「ミス理系コンテスト」でグランプリを受賞後、全国各地で科学実験教室を開催

https://www.igarashimiki.com
Twitter:@igamiki0319

初出　**『ムー PLUS』**

※スーパーミステリー・マガジン「ムー」の公式サイト

『ダイヤモンド・オンライン』
『トカナ』
『メシ通』
『サイエンスニュース』

川口友万（かわぐち・ともかず）
出版社勤務を経て99年よりライターに。これまで科学情報サイト『サイエンスニュース』の編集統括や不定期でバー「科学実験酒場」を経営するなど、様々な角度から科学をテーマに活動している。著書に『ホントにすごい！日本の科学技術』（双葉社）、『ビタミンCは人類を救う!!』（学研パブリッシング）、『なんでも未来ずかん』（講談社）、『ラーメンを科学する』（小社）など多数。

ブックデザイン　漆原悠一（tento）
DTP　三谷明里（ウラニワデザイン）
編集協力　稲葉美和
編集　石沢鉄平（株式会社カンゼン）

「至極」のラーメンを科学する
発行日　2021年12月16日　初版

著者　川口友万
発行人　坪井義哉
発行所　株式会社カンゼン
〒101-0021 東京都千代田区外神田2-7-1 開花ビル
TEL 03（5295）7723　FAX 03（5295）7725
http://www.kanzen.jp/
郵便振替　00150-7-130339

印刷・製本　株式会社シナノ

ISBN 978-4-86255-622-6

Printed in Japan
定価はカバーに表示してあります。
ご意見、ご感想に関しましては、kanso@kanzen.jpまでEメールにてお寄せ下さい。お待ちしております。